CLARENDON GERMAN SERIES

General Editor: P. F. GANZ

SEVEN ... MAN

CLARENDON GERMAN SERIES

Under the general editorship of P. F. GANZ
Fellow of Hertford College
Reader in German in the University of Oxford

———

Other volumes in preparation

SEVENTEEN MODERN GERMAN POETS

EDITED BY

SIEGBERT PRAWER

Soviel ist auch mir bei meinen wenigen Erfahrungen klar geworden, daß man den Leuten, im ganzen genommen, durch die Poesie nicht wohl, hingegen recht übel machen kann, und mir deucht, wo das eine nicht zu erreichen ist, da muß man das andere einschlagen. Man muß sie inkommodieren, ihnen ihre Behaglichkeit verderben, sie in Unruhe und in Erstaunen setzen. Eins von beiden, entweder als ein Genius oder als ein Gespenst muß die Poesie ihnen gegenüberstehen. Dadurch allein lernen sie an die Existenz einer Poesie glauben und bekommen Respekt vor den Poeten.

(Schiller to Goethe, 17 August 1797)

OXFORD UNIVERSITY PRESS

1971

Oxford University Press, Ely House, London W. 1

GLASGOW   NEW YORK   TORONTO   MELBOURNE   WELLINGTON
CAPE TOWN   SALISBURY   IBADAN   NAIROBI   DAR ES SALAAM   LUSAKA   ADDIS ABABA
BOMBAY   CALCUTTA   MADRAS   KARACHI   LAHORE   DACCA
KUALA LUMPUR   SINGAPORE   HONG KONG   TOKYO

for
LEONARD FORSTER

PRINTED IN GREAT BRITAIN BY
W. S. MANEY AND SON LTD
HUDSON ROAD LEEDS
ENGLAND

CONTENTS

HANS ARP

YVAN GOLL

NELLY SACHS

BERTOLT BRECHT

JOHANNES BOBROWSKI

PAUL CELAN

HELMUT HEISSENBÜTTEL

ERNST JANDL

INGEBORG BACHMANN

GÜNTER GRASS

HANS MAGNUS ENZENSBERGER

GÜNTER KUNERT

ACKNOWLEDGEMENTS

THANKS are due to the following poets and publishers for their permission to reprint copyright poems in this volume:

Wilhelm Lehmann: C. Bertelsmann Verlag, Gütersloh, for poems from *Sämtliche Werke*, Bd III, 1962, and *Sichtbare Zeit*, 1967.

Gottfried Benn: Limes Verlag, Wiesbaden, for poems from *Gesammelte Werke*, ed. Wellershoff, Vol. III, second edition 1963. Verlag der Arche, Peter Schifferli, Zürich, for the poems 'Quartär' and 'Statische Gedichte' from *Statische Gedichte*, 1948.

Hans Arp: Verlag Günther Neske, Pfullingen, for the poems 'Ein großes Mondtreffen', 'In einer eckigen Nacht' and 'Ein Mond aus Blut' from *Mondsand*, 1960. Limes Verlag, Wiesbaden, for 'Die Ebene' from *wortträume und schwarze sterne*, 1953, and 'Gondel fahren' from *worte mit und ohne anker*, 1956.

Yvan Goll: Hermann Luchterhand Verlag, Neuwied am Rhein and Berlin, for poems from *Dichtungen*, ed. C. Goll, 1960.

Nelly Sachs: Suhrkamp Verlag, Frankfurt am Main, for poems from *Fahrt ins Staublose, Die Gedichte der Nelly Sachs*, 1961.

Bertolt Brecht: Suhrkamp Verlag, Frankfurt am Main, for poems from *Gedichte 3*, in *Gesammelte Werke*, 1967.

Peter Huchel: the author for the poem 'Ophelia' which first appeared in *Neue Deutsche Hefte*, 1968. S. Fischer Verlag, Frankfurt am Main, for poems from *Chausseen Chausseen*, 1963. R. Piper & Co. Verlag, Munich, for the poem 'Letzte Fahrt' from *Die Sternenreuse*, 1967.

Günter Eich: Suhrkamp Verlag, Frankfurt am Main, for poems from *Abgelegene Gehöfte*, 1948, *Botschaften des Regens*, 1955, and *Zu den Akten*, 1964.

Christine Lavant: Otto Müller Verlag, Salzburg, for poems from *Spindel im Mond*, 1959, *Die Bettlerschale*, 1956, and *Der Pfauenschrei*, 1956.

Johannes Bobrowski: Union Verlag, Berlin, for the poem 'Pruzzische Elegie' from *Sarmatische Zeit*, 1961. Deutsche Verlags-Anstalt, Stuttgart, for the poems 'Kindheit', 'Die Frauen der Nehrungs-fischer' and 'Wagenfahrt' from *Sarmatische Zeit*, 1961, and the poems 'Hölderlin in Tübingen', 'Bericht' and 'Dorfmusik' from *Schattenland Ströme*, 1962. Klaus Wagenbach Verlag, Berlin, for the poems 'Im Strom', 'Sprache' and 'Das Wort Mensch' from *Wetterzeichen*, 1966.

Paul Celan: Deutsche Verlags-Anstalt, Stuttgart, for the poems 'Espenbaum', 'Todesfuge' and 'Die Krüge' from *Mohn and Gedächtnis*, 1952, and the poem 'Abend der Worte' from *Von Schwelle zu Schwelle*, 1955. S. Fischer Verlag, Frankfurt am Main, for the poem 'Tenebrae' from *Sprachgitter*, 1959, and the poems 'Psalm', 'Tübin-gen, Jänner' and 'Hawdalah' from *Die Niemandsrose*, 1963. Suhr-kamp Verlag, Frankfurt am Main, for the poems 'Fadensonnen', 'Ein Dröhnen' and 'Einmal' from *Atemwende*, 1967.

Helmut Heissenbüttel: The author for all poems except 'Katalog der Unbelehrbaren' from *Textbuch 5*, Walter-Verlag, Olten, 1965.

Ernst Jandl: Walter-Verlag, Olten, for the poems 'ode auf N', 'schtzngrmm', 'fragment' and 'viel vieh' from *Laut und Luise*, 1966. Hermann Luchterhand Verlag, Neuwied am Rhein and Berlin, for the poems 'die zeit vergeht' and 'oberflächenübersetzung' from *sprechblasen*, 1968.

Ingeborg Bachmann: R. Piper & Co. Verlag, Munich, for poems from *Die gestundete Zeit*, 1953, and *Anrufung des großen Bären*, 1956.

Günter Grass: Hermann Luchterhand Verlag, Neuwied am Rhein and Berlin, for poems from *Die Vorzüge der Windhühner*, 1956, *Gleisdreieck*, 1960 and *Ausgefragt*, 1967.

Hans Magnus Enzensberger: Suhrkamp Verlag, Frankfurt am Main, for poems from *verteidigung der wölfe*, 1957, *landessprache*, 1960 and *blindenschrift*, 1964.

Günter Kunert: Carl Hanser Verlag, Munich, for poems from *Erinnerung an einen Planeten*, 1963 and *Verkündigung des Wetters*, 1966 and for the poems 'Sprüche', 'Ernst Balcke', and 'Oxford Street', © Günter Kunert.

Dr Reinhard Döhl, Akademischer Rat an der Universität Stuttgart, kindly gave permission for his poem 'Apfel' to be reproduced in the Introduction.

INTRODUCTION

MODERN literature, an American critic has noted, is distinguished by its adversary intention — its clear purpose 'of detaching the reader from the habits of thought and feeling that the larger culture imposes, of giving him a ground and vantage point from which to judge and condemn, and perhaps revise, the culture that produced him'.[1] This is true of most of the poets united in this volume. Behind and within their work we feel the trauma of Hitler's Third Reich — the cruel wars it unleashed on the world, the mass-murders and tortures of its concentration-camps, its corruption of the German language.

Es besteht kein Zweifel, daß Wörter, mit denen viel gelogen worden ist, selber verlogen werden. Man versuche nur, solche Wörter wie 'Weltanschauung', 'Lebensraum', 'Endlösung' in den Mund zu nehmen: die Zunge selber sträubt sich und spuckt sie aus. Wer sie dennoch gebraucht, ist ein Lügner oder Opfer einer Lüge. Lügen verderben mehr als den Stil, sie verderben die Sprache. Und es gibt keine Therapie für die verdorbenen Wörter; man muß sie aus der Sprache ausstoßen. Je schneller und vollständiger das geschieht, um desto besser für unsere Sprache. Aber wie ist es eigentlich möglich, daß Wörter lügen können? Lügen auch die Wörter 'Tisch', 'Feuer' und 'Stein'? Es ist doch gewiß, daß die Tyrannen, die uns Jahr um Jahr belogen haben, auch diese Wörter in den Mund genommen haben . . .

(Harald Weinrich, *Linguistik der Lüge*, Heidelberg 1966, p. 36)

Was it still possible to write about the German forest when the very mention of a beech-wood brought a concentration-camp to mind?

---

[1] Lionel Trilling, *Beyond Culture*, London, 1966, p. xiii.

Na, wohin geht's?
In den Buchenwald, in den Buchenwald,
Dort pfeift der warme Wind so kalt,
Dort ist der schwarze Rauch zu sehn . . .[2]

Was it possible at all, poets had to ask themselves, to write poetry after Auschwitz?[3] Nor were they shaken in their opposition by developments after 1945. Writers who lived and worked in the Federal Republic felt alienated by the language and style of living of their economically prosperous society with its scarcely veiled materialism, its lust for sensation, its repertoire of social 'roles' into which individuals have to fit. A poem like Enzensberger's *geburtsanzeige* (p. 131) indicates widespread distrust of 'organization-men', a widely held feeling that there are men with vested interests who can, in an insidious way, exert control as all-pervading as the bureaucratic and police control of a totalitarian state. Even well-intentioned protests against injustice and war become suspect in a situation that allows free speech while discouraging radical action:

Die guten Leute wollen eine gute Welt; die guten Leute tun nichts dazu. Die guten Leute hindern nicht die Arbeiter, mit der Herstellung des Kriegswerkzeugs ihr Leben zu verdienen, sie halten nicht die Wehrpflichtigen auf, die in diesem Krieg ihr Leben riskieren, die guten Leute stehen auf dem Markt und weisen auf sich hin als die besseren. Auch diese guten Leute werden demnächst ihre Proteste gegen diesen Krieg verlegen bezeichnen als ihre jugendliche Periode, wie die guten Leute vor ihnen jetzt sprechen über Hiroshima und Demokratie und Cuba. Die guten Leute sollen das Maul halten. Sollen sie gut sein zu ihren Kindern, auch fremden, zu ihren Katzen, auch fremden; sollen sie aufhören zu reden von einem Gutsein, zu dessen Unmöglichkeit sie beitragen.

(Uwe Johnson, 'Über eine Haltung des Protestierens', *Kursbuch* 9, 1967)

---

[2] *Aussichten. Junge Lyriker des deutschen Sprachraums*, ed. P. Hamm, München, 1966, p. 90.
[3] 'Kein Wort hat die deutschen Schriftsteller — und nicht nur sie — so sehr bewegt wie Theodor Adornos Diktum "Nach Auschwitz kann man nicht dichten".' (Walter Jens, *Laudatio auf Nelly Sachs*, in *Das Buch der Nelly Sachs*, ed. B. Holmqvist, Frankfurt/Main, 1968, p. 381.)

In the other part of divided Germany, in the GDR, restrictions on freedom of movement, unremitting official control or collective 'guidance' of literary expression, ubiquity of party-formulas (*Parteichinesisch*) and the harsh treatment meted out to dissidents led to equal or even greater discontent. The expression of such discontent has necessarily to be more oblique in the GDR than in the Federal Republic — but successive references to 'harsh' and 'bitter' times in the poem *Ermutigung* that Wolf Biermann dedicated to Peter Huchel speak a clear enough language.

> Du, laß dich nicht verhärten
> In dieser harten Zeit
> Die all zu hart sind, brechen
> Die all zu spitz sind, stechen
> und brechen ab sogleich
>
> Du, laß dich nicht verbittern
> In dieser bittren Zeit
> Die Herrschenden erzittern
> — sitzt du erst hinter Gittern —
> Doch nicht vor deinem Leid . . .

(*Mit Marx- und Engelszungen*, Berlin 1968, p. 61)

Threats of nuclear explosion, the building of the Berlin Wall and what led up to it, workers' and students' revolts, wars in Korea, Vietnam, and the Middle East contributed to an ever-growing uneasiness and disenchantment.

In the face of this situation, German poets have come to fear that writing 'harmonious' poetry would mean 'decorating the slaughter-house with geraniums' (Günter Eich) and have shown themselves disposed to heed Eich's call for programmatic non-conformity:

> Tut das Unnütze, singt die Lieder, die man aus eurem
>   Mund nicht erwartet!
> Seid unbequem, seid Sand, nicht das Öl im Getriebe
>   der Welt![4]

---

[4] *Ausgewählte Gedichte*, Frankfurt/Main, 1960, p. 51.

Poetry has been described as a knife (Wolfgang Weyrauch: *Mein Gedicht ist mein Messer*),[5] as a demonstration (Helmut Heissenbüttel: *Demonstrationen im Doppelsinn dieses Wortes*),[6] as a broadsheet (Günter Bruno Fuchs: *Ich versuche, einen Text aufzuspüren, der sich wehrt, der auf einem Flugblatt stehen kann*),[7] as a secret message sent from one prisoner to another (Wolfdietrich Schnurre: *Kassiber*),[8] as an instrument to be issued with instructions for use (H. M. Enzensberger).[9] Much of the poetry written in German since 1945 might be called a poetry of distrust. There is distrust of history, of the notions of progress and development, in the work of Gottfried Benn; distrust of the literature of the past, and the attitudes it might cover or exemplify in a poem like Ingeborg Bachmann's *Früher Mittag*; distrust of received notions of heroism in the work of Brecht or a poem like Bachmann's *Alle Tage* (p. 120); distrust of the 'idyllic' in the work of Brecht, Eich and so many others; distrust of religion and traditional interpretations of God's nature even in so fundamentally religious a poet as Christine Lavant; distrust of bureaucracy and Philistinism in the songs of Wolf Biermann; distrust of slogans, proverbs and 'popular wisdom' in the poems of Volker von Törne; distrust of language itself and its ability to speak of man's deepest concerns, distrust even of the sentence-structure of German, in the work of Helmut Heißenbüttel: 'Ich erkenne . . . (oder glaube zu erkennen), daß das alte Grundmodell der Sprache von Subjekt-Objekt-Prädikat nicht mehr standhält.

[5] *Mein Gedicht ist mein Messer. Lyriker zu ihren Gedichten*, ed. H. Bender, rev. ed., München, 1961.

[6] Cf. the symposium *Lyrik Heute*, in *Akzente*, VIII (1961), 59.

[7] Quoted in *Lyrik unserer Jahrhundertmitte*, ed. W. R. Fuchs, München, 1965, p. 14.

[8] 'Die Kassiber sind ernste Gedichte, Klopfzeichen . . . , Gedanken der Einsamkeit, des Zellendunkels und der Verhörsangst' (W. Jens, in W. Schnurre, *Kassiber/Neue Gedichte, Formel und Dechiffrierung*, Frankfurt, 1964, p. 140).

[9] A *gebrauchsanweisung* issued with Enzensberger's *landessprache* tells its readers: 'diese gedichte sind gebrauchsgegenstände, nicht geschenkartikel im engeren Sinne', and 'zur erregung, vervielfältigung und ausbreitung von ärger sind diese texte nicht bestimmt. der leser wird höflich ermahnt, zu erwägen, ob er ihnen beipflichten oder widersprechen möchte.'

Wir benutzen es noch. Aber es ist bereits starr. Es erscheint abgenutzt, bröckelt ab, verwittert.'[10] 'Der Mensch', as Gottfried Benn had said in *Der Glasbläser*, 'steht ganz woanders als seine Syntax, er ist ihr weit voraus'. Yet this very distrust might serve a positive function. In the margin of his influential anthology *Transit* Walter Höllerer printed a quotation from Kafka which expresses what so many contemporary poets have come to feel: 'Und wer gibt dir Kraft? Wer dir die Klarheit des Blickes gibt.'[11] One important way in which such clarity might be given was an exhibition of non-conformity in a society which assigned every individual a role and a function, which tended to make its citizens exchangeable cogs in some vast social machine. Valid new ideals — a new conception of heroism, for instance — may emerge, as in Bachmann's *Alle Tage*, from non-conformity.

The crisis of confidence that has just been analysed accompanies a crisis of identity. How is the poet, who depends for his livelihood on the very society he distrusts, to see and present himself? To this question there are nearly as many answers as there are poets. Gottfried Benn made himself the spokesman of a new kind of 'inner emigration': withdrawal into a poetic laboratory or workshop, where the poet could fit together into an aesthetically self-contained whole the fragments of a world whose disorder he thought irremediable. Opposed to this is the *persona* so often adopted by the later Brecht: that of the friendly sage, the educator, who speaks of his own concerns in the inflections of normal speech and thereby teaches his readers to reconsider their own beliefs and attitudes. Different again is the characteristic persona of Paul Celan's poems: the 'I', speaking for itself or for a community of search and suffering, weighed down with the consciousness of the horrors of our time, standing at the very edge of language and making raids on the inarticulate, in the hope of establishing contact with some 'Thou' beyond — a reader, a dead mother, a transcendent reality. Another characteristic persona of

[10] H. Heissenbüttel, *Über Literatur*, Olten, 1966, p. 222.
[11] *Transit. Lyrikbuch der Jahrhundertmitte*, Frankfurt, 1956, p. 37.

modern German poetry is that of the Fool. This may mean the clown, a licensed jester who tells uncomfortable truths or provides 'nonsensical' models in which society can find its own image — the poetry of Günter Grass and that of Ernst Jandl often suggests such a function; or it may mean the deranged outsider, whose visions (like those of the *Närrin* in Christine Lavant's *Die Stadt ist oben auferbaut*) may through their very distortions reveal essential truths. Often the poet will deliberately adopt the stance, the point of view, the language, of children; in Ingeborg Bachmann's *Das Spiel ist aus*, Grass's *Kinderlied*, Enzensberger's *fund im schnee* and many other poems the world of children's rhymes, games, and fairy-tales is evoked in order to restore freshness of vision and to show in the terrors of childhood clear prefigurations of those of the adult world. Other *personae* adopted are those of the partisan (Rolf Schroers, Heinz Piontek), the popular bal-ladeer or *Bänkelsänger* (Christa Reinig, Günter Bruno Fuchs, Wolf Biermann), the conjurer or magician (Walter Höllerer: 'Der Dichter greift zur Anapher, um das Verborgene heraufzubeschwören') and even — in the work of Elisabeth Langgässer — that of the theologian: 'Ich bin ja eigentlich kein Lyriker im strengen Sinn, sondern meine Verse sind Teile einer Liturgie. Man kann sie eigentlich nur theologisch verstehen — was natürlich nicht besagt, daß sie einen intelek-tuellen Ursprung haben. Sie sind reine Mysteriengedichte ...'[12] Such *personae* may remain relatively constant — the 'lyric I' of Wilhelm Lehmann, for instance, maintains its identity from one poem to the next; or they may shift and change. Many modern poems, indeed, are *Rollengedichte*, in which the 'I' that speaks in the work has been deliberately distanced from the empirical personality of the poet.

Different *personae* imply different ways of speech. Common to most poets who have published significant work since 1945 is a revulsion from the debasement of German in the Third

[12] Letter to Karl Krolow, 1 Jan. 1948; cf. *Widerspiel. Deutsche Lyrik seit 1945*, München, 1962, p. 62.

Reich, the *LTI* (*Lingua Tertii Imperii*),[13] the *Wörterbuch des Unmenschen*.[14] The language of officialdom and journalists in both the Germanies, and in other German-speaking countries, since 1945 has, however, done little to restore the poets' faith in the linguistic health of their society.[15] To this situation they have reacted in various ways. There were those who showed themselves concerned, above all, to make words and realities correspond; to act as *Sprachhygieniker* in the sense defined by Hilde Domin: 'Jedes Wort wird . . . geprüft und immer neu geprüft, damit es genau auf die sich wandelnde Wirklichkeit paßt.'[16] Such desire for 'linguistic hygiene' animates the many poems in which Erich Fried, for instance, takes popular linguistic usage at its word, ringing changes on sayings like *Gebranntes Kind fürchtet das Feuer*,[17] or on images used by Gottfried Benn and Helmut Heissenbüttel;[18] and poems like the programmatically titled *Genauigkeitsübung* in which Yaak Karsunke examines the phrase *Deutschland, Land meiner Väter* through four stanzas, to come, in the end, to the conclusion:

> deutschland
> land meiner väter
> : genau genommen
> kein allzu brauchbarer anfang
> für ein gedicht.[19]

Wilhelm Lehmann, the delicate exactitude of whose poetry set a salutary example, warned against an excess of 'hygiene': 'Ein Gedicht kann auch zu Überschärfe entarten, und dann fehlt ihm das Vage, das eben auch zu seinem Wesen gehört.

---

[13] Victor Klemperer, *L.T.I. Notizbuch eines Philologen*, 3rd edn, Halle, 1957.
[14] D. Sternberger, G. Storz, and W. E. Süskind, *Aus dem Wörterbuch des Unmenschen*, Hamburg, 1957.
[15] Cf. Karl Korn, *Sprache in der verwalteten Welt*, Olten, 1959; rev. and enlarged edn, dtv (München), 1962.
[16] *Wozu Lyrik heute? Dichter und Leser in der gesteuerten Gesellschaft*, München, 1968, pp. 28–9.
[17] In a poem entitled *auf freiem markt*, in *Warngedichte*.
[18] Erich Fried, *Anfechtungen*, Berlin, 1967, pp. 18 and 20.
[19] Y. Karsunke, *Kilroy & andere*, Berlin, 1967, p. 28.

Antisepsis gibt es nur in der Algebra der Wissenschaft'[20] —
but Lehmann adopted as his motto some lines of Wallace
Stevens which describe exactly the kind of vision the new
hygienically precise language tries to convey:

> Let's see the very thing and nothing else.
> Let's see it with the hottest fire of sight.
> Burn everything not part of it to ash.[21]

Among recent German poets there are some who use the
traditional language of German poetry, a vocabulary that
would not seem out of place in a nineteenth-century poem,
but re-combine its elements to form surreal images, a linguistic
microcosm within which, as in a model, the spiritual and
material realities of our everyday world can be apprehended
with new force. The master of this kind of poetry is Paul
Celan. Yet others favour various forms of linguistic collage
or montage — in the wake of Gottfried Benn, who had made
faszinierend montieren the watchword of his later poetry.
Montage often meant a juxtaposition, without connecting
links, of conversational fragments, lines from newspapers,
contemporary slogans; Heissenbüttel's *Pamphlete V (Aus Zei-
tungen)* is a simple example. By being taken out of their
context and deprived of grammatical articulation, such frag-
ments take on fresh meaning. Usually, however, poets take
care to place fragments carefully collected from the language
of advertising or bureaucracy into a context that shows up
their hollow, threatening or mendacious nature; this happens
in Enzensberger's *bildnis eines spitzels*, for instance, or in
Ingeborg Bachmann's *Reklame*.[22] More radical experiments
have also been made in Western Germany and in Austria.

[20] W. Lehmann, *Dichtung als Dasein*, Hamburg, 1956, p. 98.

[21] Ibid., p. 72.

[22] Cf. Günter Kunert's bitter parody, in a poem on the German language,
of official jargon: 'Diese/Von Erstellern entstellte die von Betreuern/
Veruntreute von Durchführern früh schon/Verführte die/Mehr zur Lüge
taugt denn zur Wahrheit/Ach welcher/Unter der erstarrten Syntax sich
regt/Wie unter Abfall wie unter Schutt wie/Unter Tonnen von Schlacke.'
(*Verkündigung des Wetters*, München, 1966, p. 30.)

In Vienna, Ernst Jandl produced expressive, intelligently constructed and frequently amusing sound-poems which make their full impact only when the poet himself declaims them — recordings are, in fact, commercially available. In Vienna too Hans Carl Artmann used the normal German alphabet to reproduce Austrian dialect sounds; not in the service of a complacently provincial, regional literature, however, but rather in an attempt to deform, estrange and rejuvenate a language that had, so many felt, become stale and soiled:

> nua ka schmoez how e xogt!
> nua ka schmoez ned . . .
> reis s ausse dei heazz dei bluadex
> und hau s owe iwa r a bruknglanda![23]

Artmann's 'unwahrscheinlich glückliche Ehe der surrealistischen und der Wiener Sphäre'[24] is only one of many language-

```
                ApfelApfelApfelApfel
              ApfelApfelApfelApfelApfelA
             ApfelApfelApfelApfelApfelApfe
           ApfelApfelApfelApfelApfelApfel
           ApfelApfelApfelApfelApfelApfel
          ApfelApfelApfelApfelApfelApfe
          ApfelApfelApfelApfelApfelApfel
          ApfelApfelApfelApfelApfelApfe
           ApfelApfelApfelApfelApfelApfel
           ApfelApfelApfelApfelApfelApf
            ApfelApfelApfelWurmApf
            ApfelApfelApfelApfel
             ApfelApfelApfelApfel
               ApfelApfelApfelA
                 ApfelApfel
```

[23] 'No sentimentality [*Schmalz*], I said, no sentimentality! . . . Tear that "bleeding heart" of yours out and throw it off the bridge' (H. C. Artmann, *med ana schwoazzn dintn*, Salzburg, 1958, p. 7).
[24] Hans Sedlmayr, ibid., p. 5.

games played in countries which now felt the belated impact of Futurism, Dada and Surrealism. Eugen Gomringer in Switzerland, Franz Mon and Max Bense in Germany, Gerhard Rühm and Konrad Bayer in Austria, have made contributions towards a new visual or 'concrete' poetry which yet awaits the master who will justify the ingenuity so far expended. Reinhard Döhl's little poem 'about' the worm in the apple may stand as a reminder of the kind of effect that is possible in the 'concrete' mode (see p. 21).

If a good deal of modern poetry proved difficult to under-stand — as that of Gottfried Benn, Paul Celan and the later Nelly Sachs undoubtedly does — this too, it is thought, may be all to the good. 'Die Sprache der modernen Dichtung', a recent commentator has written, 'widersteht gerade durch ihre Schwerverständlichkeit, durch den "Schock des Unver-ständlichen" den sie auslöst, der Sprache des gesellschaft-lichen Verwaltungsapparats'.[25] Allusive difficulty is a protest against the packaged information the age demands, and gets, from its mass-media. A deliberately hermetic poetry, however, like deliberate experimentation with the phonic and graphic substance of language, tends to prove dangerously attractive to charlatans; would-be poets who have nothing to say pretend all too readily to Orphic profundity. From the first, therefore, post-war poets like Heinz Piontek castigated the opacities of their colleagues: ' "Dunkelheiten" sind mir ein Greuel, wenn ich sie nicht belustigend finde. Ich halte das mondäne orphische Geraun nicht für tief, sondern für ausgesprochen flach . . . Nichts gegen die Ehrfurcht und die umschreibende Behutsam-keit des Dichters! Aber man sollte mit ihnen nicht die eigene Unfähigkeit bemänteln. Was nicht genau gesagt werden kann, bleibt besser ungesagt.'[26] It was Piontek again, who with his anthology *Neue deutsche Erzählgedichte*, drew attention to a line of simplicity and pellucid story-telling in modern poetry which he connected with the German

[25] Gisela Dischner in *Das Buch der Nelly Sachs*, ed. B. Holmqvist, p. 352.
[26] *Mein Gedicht ist mein Messer*, ed. H. Bender, Heidelberg, 1955, p. 103.

ballad;[27] and his call for a simpler and clearer poetry has been echoed again and again in recent years. *Rückkehr zur Realität* is the slogan of that younger generation whose spokesman Peter Hamm has recently declared himself.

Die heute Zwanzig- bis Dreißigjährigen haben es nicht mehr nötig, Realität zu 'verdrängen', weil sie mit keiner verfehlten Vergangenheit belastet sind. Dazu kommt, daß die äußere Umwelt gut zwanzig Jahre nach dem zweiten Weltkrieg schon wieder so bedrohliche Züge angenommen hat, daß sich mancher, der sich lieber ins Labor zurückziehen wurde, aufgerufen fühlt, stattdessen die Straße aufzusuchen und den öffentlichen Platz.[28]

The generation of poets whose aspirations Hamm's anthology *Aussichten* documents, is not, however, represented in the present anthology. I have included only the work of writers born before 1930 who have published a significant body of work since the end of the second World War.

Grammatical oddities, it must be stressed, and break-up of traditional sentence-structure, are most often meant as conscious protests against functionalization of language, the *clôture du langage* analysed by Roland Barthes in *Le degré zéro de l'écriture*. Helmut Heissenbüttel in particular, in several theoretical essays, has left his readers in no doubt that he wants them to see in his *Textbücher* a determined attempt to convey structures of thought and feeling which the 'normal' language of his time can only falsify.

---

[27] Including the fair-ground ballad favoured by Brecht. 'Es ist [Brecht's] Verdienst, daß er durch den Rückgriff auf den Bänkelsang, aber auch durch seine Vorliebe für den zeitgemäßen Song das balladenhafte Gedicht aus der Versteinerung erlöste, so daß es wieder heftig nach Musik verlangte (und sie erhielt, wo es als Einlage für Brechts Bühnenstück diente). Der neue Moritatenton wird in verschiedenen Klangfarben hörbar: großstädtisch = ironisch (Kästner), deftig (Zuckmayer), witzig = zärtlich (Ringelnatz), parodistisch (Rühmkorf), absurd = grotesk (Arp und Grass), kaschemmentraurig (Fuchs), politisch (Reinig). Es ist das Gedicht mit dem antibürgerlichen Effekt, das Schreck- und Scheuchengedicht, das direkt provozieren möchte.' (Piontek, *Neue deutsche Erzählgedichte*, Stuttgart, 1964, p. 10.)

[28] *Aussichten*, ed. P. Hamm, p. 337.

My brief survey of several attitudes to language has already suggested various views of the function of poetry. Wilhelm Lehmann sees in it a means of capturing moments of intensest life, 'Ausdruck eines Existenzmaximums, eines Empfindungs-ereignisses innerhalb des geläufigen Empfindungsschemas'[29] — in a time of dehumanization it reminds man of his highest possibilities, in an age of denaturization of the glories of even the minutest natural phenomena: 'Unwichtiges erhebt der Dichter zu Gewichtigkeit. Er ist der allernützlichste Mensch. Er weiß, wo das Wasser des Lebens rinnt. Er sorgt für die Gesundheit der Welt, sorgt, daß Unempfundenes empfunden, Flüchtiges bewahrt werde.'[30] Gottfried Benn sees the poet as creating at the end of an era, in a time of irremedi-able confusion and collapse, a self-contained world of art — an 'absolute' or 'static' poem in which the materials of fragmented experience are combined into an artistic whole that gives them dignity. Such poems 'express' their maker, but they do not seek to 'communicate'; they are monologues without ambition to affect practical life, *phänomenal, historisch unwirksam und praktisch folgenlos*.[31] Brecht also sees poems as 'expressive' — they are documents of the way a poet, an important person, thinks and feels; but Brecht's poems are not monologues. From the first Brecht regarded poetry as something that came out of life and acted back on life; the lack of obscurity, lucidity, occasional character, topicality and political concern which Kurt Wölfel sees as hall-marks of his lyrics all derive from their social purpose.[32] Many regard poetry as an *Einladung deutlicher zu leben*[33] — it can show up, as in a model, possibilities of human behaviour in various social situations. The distortions of Günter Grass's poetry, for instance, may serve to reveal

---

[29] Lehmann, op. cit., p. 29.

[30] W. Lehmann, *Bewegliche Ordnung*, Frankfurt n.d. (Bibl. Suhrkamp), p. 207.

[31] Quoted by H. Kunisch in *Kleines Handbuch der Gegenwartsliteratur*, München, 1967, p. 55.

[32] *Bertolt Brecht: Selected Poems*, ed. K. Wölfel, Oxford, 1965, p. 14.

[33] The phrase was coined by Herbert Eisenreich; cf. his *Reaktionen. Essays zur Literatur*, Gütersloh, 1963.

attitudes, fears, failings and social mechanisms which amuse or disgust their author, and which he has castigated in political campaign-speeches. Ingeborg Bachmann insists, as so many have done before her, that poetry can make us experience the world afresh, wake us up to realities to which fear, laziness or failure of imagination has blinded us.[34] In sharp contrast to Gottfried Benn, Paul Celan would have us regard his verse as an attempt to conduct a dialogue with a reader and with some unknown partner beyond: 'Das Gedicht will zu einem Andern, es braucht dieses Andere, es braucht ein Gegenüber. Es sucht es auf, es spricht sich ihm zu. Jedes Ding, jeder Mensch ist dem Gedicht, das auf das Andere zuhält, eine Gestalt dieses Anderen.'[35] Celan has likened his work to a series of messages cast into the sea, in the hope that they will reach someone, somewhere — that they might float towards *ein ansprechbares Du vielleicht . . . eine ansprechbare Wirklichkeit.*[36] Celan's image of the message in a bottle is supplemented by Günter Eich's image of poetry as a buoy:

Ich schreibe Gedichte, um mich in der Wirklichkeit zu orientieren. Ich betrachte sie als trigonometrische Punkte oder als Bojen, die in einer unbekannten Fläche den Kurs markieren.

Erst durch das Schreiben erlangen für mich die Dinge Wirklichkeit. Sie ist nicht meine Voraussetzung, sondern mein Ziel. Ich muß sie erst herstellen.[37]

What these and other comparable pronouncements show beyond doubt is that modern German poetry cannot be defined by its adversary intention alone. It can help poets and

---

[34] 'Poesie wie Brot? Dieses Brot müßte zwischen den Zähnen knirschen und den Hunger wieder erwecken, ehe es ihn stillt. Und diese Poesie wird scharf von Erkenntnis und bitter von Sehnsucht sein müssen, um an den Schlaf der Menschen rühren zu können. Wir schlafen ja, sind Schläfer, aus Furcht, uns und unsere Welt wahrnehmen zu müssen.' (Ingeborg Bachmann, *Gedichte, Erzählungen, Hörspiel, Essays*, München, 1964, p. 311.)

[35] *Der Meridian. Rede anläßlich der Verleihung des Georg-Büchner-Preises*, Darmstadt, 27 Oct. 1960 (Frankfurt, 1961), p. 18.

[36] *Ansprachen bei Verleihung des Bremer Literaturpreises an Paul Celan*, Stuttgart n.d., p. 11.

[37] *Mein Gedicht ist mein Messer*, p. 23.

their contemporaries to face the most shattering experiences of our time ('Ich schrieb' writes Nelly Sachs, 'um zu überleben, ich schrieb wie in Flammen') :[38] the cruelty and misery of the war and its aftermath, nuclear threats, the ruthless manipulation of individuals by bureaucracies and public relations experts. It can show up the complexities of life, the co-presence of the horrible and beautiful, *das Entsetzliche in Wohlgestalt*.[39] It provides a catharsis, calls to fresh experience, and demonstrates the expressive possibilities still inherent in the German language. 'Seltsam,' Walter Jens has said, 'daß gerade die Lyriker, diese angeblich doch zeitfremdesten Poeten, in Gleichnis und Bild so viel Gültigeres aussagen als die Romanciers in dickleibigen Büchern.'[40] This is as true of the deeply serious poetry of a Bobrowski or a Peter Huchel as it is of the playful verse of Hans Arp and the black humour of Günter Grass.

Poets who are not content with conducting a monologue, who want their poems to be read and to have an effect within their society and in their own life-time, must frequently feel, with Arnfried Astel, that their enemies need take little account of their attacks:

> Ich schreibe. Aber der,
> gegen den ich schreibe,
> kann nicht lesen;[41]

or, with Günter Kunert, that their poetry cannot reach most of those it tries to reach:

Lyrik, die weder die fesselnde Fabel des Romans, seine Menschendarstellung, seine Handlung aufzuweisen hat, noch die Überraschung der Kurzgeschichte bietet, noch die informative Analytik des Essays, die weder dramatisch noch dynamisch ist, und zusätzlich auf die musische Empfindlichkeit des Lesers angewiesen ist, kann mit den starken und stärker werdenden Reizmitteln aller anderen literarischen Künste nicht konkurrieren.

---

[38] O. Lagercrantz, *Versuch über die Lyrik der Nelly Sachs*, Frankfurt, 1967, p. 43.
[39] Wilhelm Lehmann, *Canto Sereno*.
[40] W. Jens, *Deutsche Literatur der Gegenwart*, München, 1961, p. 92.
[41] *Aussichten*, ed. P. Hamm, p. 82.

Die Lyrik muß daher bei einem Publikum, das nur auf starke Reize reagiert, wirkungslos bleiben. Das ist eine Tatsache, auf die sich weder der Lyriker, noch das Gedicht einstellen können. Die Unschuld des Gedichts bleibt unaufhebbar.[42]

Kunert suggests a comforting thought, however, *ein tröstliches kleines 'Aber'*:

Es sind anderweitig ebenfalls Paradoxa am Werk, die uns hoffen lassen. So entwickeln die Massenmedien mit der passiven Suggestibilität gleichzeitig eine Abstumpfung gegen ihre eigene Wirkung und damit das Verlangen nach geistiger und emotionaler Aktivität. Da liegen Chancen für die Lyrik.[43]

The official pressure to which poets like Peter Huchel and Wolf Biermann have been subjected demonstrates that the GDR authorities are not unmindful of the influence that poetry might have over the minds of its readers and hearers. In the West, however, Günter Grass's little fable *Prophetenkost* (p. 126) seems not to apply — so far from filling prisons with its prophets of woe and doom, the affluent society buys their writings, awards them literary prizes, and then pays little heed to their exhortations. West German poets feel all too often, as Leonard Forster has so well said, that they are battling with a feather-bed.

For a brief time after the end of the second World War it seemed to German writers that a wholly new start was to be made, that *Kahlschlag*, a radical forest-clearing of language and literature, might be followed by a new planting. This aspiration to begin again resulted in some notably unrhetorical understated poems, like Günter Eich's now famous *Inventur* — but very soon it became apparent that there could be no such thing as a literary *Nullpunkt* from which poets might proceed as though no one had ever written before. Then it was the older poets — Benn, Brecht, Lehmann, Arp, and Goll — who

---

[42] *Ein Gedicht und sein Autor. Lyrik und Essay*, ed. W. Höllerer, Berlin, 1967, p. 335.
[43] Ibid., p. 336.

showed most visibly how post-war poetry might link itself to literary traditions which the Third Reich had perverted or cut off. Ever since his *Morgue* poems of 1912, Gottfried Benn had been a powerful representative of German Expressionism; he regarded his later work as Phase Two of Expressionism and retained *Ausdruck*, *Expression*, as key-terms of his theory of art. His whole notion of *Artistik*, however, his conception of the self-sufficient, coolly constructed poem, was soon seen in a more than narrowly German perspective — it seemed an extension of the line that begins with Poe and Baudelaire, a further link in the chain that runs from Mallarmé to Valéry.[44] Brecht too had this double relevance. With his notion of a poetry that could be of some social use, unsolemn poetry that would be dialectically complex yet not obscure, he looked back to the 'new sobriety', the *neue Sachlichkeit* and *Gebrauchslyrik* of the nineteen-twenties in Germany. He also showed, however, that there were non-German sources from which German poetry might be refreshed — notably the brief oriental forms, Chinese and Japanese poems that concentrated a world of observation and thought into the fewest possible lines, which Arthur Waley had made available to the English-speaking public and which had already exercised a powerful influence (mainly through Ezra Pound and the Imagists) on English and American poetry. Wilhelm Lehmann, on the other hand, showed that it was possible to be a modern poet and yet stand firmly in the German 'Poetic Realist' tradition. His verse is recognizably modern in its elliptic spareness and its use of montage and 'objective correlative' techniques; yet it is also akin to the work of Mörike, Droste-Hülshoff and Storm in its loving attachment to a definite German region, its use of myth and legend, its personal, confessional element, and its merging of exactly observed natural phenomena with human concern. Others of the older poets writing in Germany after 1945 proved equally important as living links with the past,

---

[44] The connection is clearly demonstrated in Hugo Friedrich's *Die Struktur der modernen Lyrik. Von Baudelaire bis zur Gegenwart*, Hamburg, 1956.

men whose later poetry helped to draw attention to their earlier work and the traditions it represented: Erich Kästner (cool and witty cabaret-poetry), Hans Arp (Zürich Dada), Walter Mehring (Berlin Dada), and Yvan Goll (French Surrealism). Dada and Surrealism, with their language games, their emphasis on chance and the involuntary, and their deliberate expeditions into the unconscious, have played an important part in West German and Austrian literature since 1945.

What has just been suggested are only some of the traditions in which modern German poets see themselves. A whole chorus of voices from the past and the present constantly assail them — a throng well described by Hans Magnus Enzensberger in his *Museum der modernen Poesie*:

Das gegenwärtige Museum ist durchgeistert vom Echo Catulls, von Bildern, die der indianischen und der Bantu-Dichtung entstammen, von Erinnerungen an das japanische Haiku, an die Chöre der griechischen Tragiker, an die Verse der Veden und der Metaphysical Poets, an die Kunst des Märchens und die des Madrigals. Dieser Vielfalt ist eine Besonderheit unseres Jahrhunderts anzumerken. Die Ausfaltung des historischen Bewußtseins ist, unterstützt von der Technik der Reproduktion, soweit gediehen, daß uns jedes künstlerische Material, sei es zeitlich oder räumlich noch so entlegen, mühelos zur Hand ist. Dieser Reichtum, und die Leichtigkeit, mit der wir über ihn verfügen, ist für den Dichter eine Chance und eine Gefahr. Mit Recht hat man bemerkt, daß mit der Moderne die Stunde des poeta doctus geschlagen hat. Ob sie ihr Wissen zur Schau stellt oder verbirgt: sicher ist, daß in Zeiten wie diesen jede bedeutende Dichtung eine enorme Einstrahlung von Tradition brechen und resorbieren muß.[45]

It is all the more remarkable, in such circumstances, that the poets represented in this anthology have each an unmistakable, individual voice — they are strongly defined personalities whose poetry differs widely in its spiritual, intellectual and moral cast. In his speech at the Princeton meeting of Gruppe 47,

---

[45] Op. cit., dtv edition, 1964, p. 13.

Günter Grass rightly protested against glib classifications of modern authors:

Es gibt keine persönlichen Berater, es gibt keine Hofnarren. Ich sehe nur — und mich eingeschlossen — verwirrte, am eigenen Handwerk zweifelnde Schriftsteller und Dichter, welche die winzigen Möglichkeiten, zwar nicht beratend, aber handelnd auf die uns anvertraute Gegenwart einzuwirken, wahrnehmen oder nicht wahrnehmen oder halbwegs wahrnehmen. Dieser in sich gemusterten, von Ehrgeiz, Neurosen und Ehekrisen geschüttelten Vielgestalt gegenüber hat es keinen Sinn, vom Verhalten der Schriftsteller in der Gesellschaft zu sprechen. Hofnarr oder persönlicher Berater, beide sind Strichmännchen, wie sie auf den Notizblöcken gelangweilter Diskussionsredner entstehen.[46]

What these authors share is the *musée imaginaire* in which modern artists have to find their way; the time-span and historical ambience within which they have to live and work (all the poems here reprinted were published between 1945 and 1967); a geographical setting in the centre of Europe that provides, as actuality or remembrance, much of the material out of which they fashion their poetry; and the German language they all find themselves compelled to shape into poetic artifacts. Even here, however, it is important to make distinctions. The oldest author in the present anthology was born in 1882, the youngest in 1929; it clearly makes a difference whether a poet first found his voice in the Wilhelminian Empire, in the Weimar Republic, in the Third Reich, or in post-war Europe. It is often relevant to the special ambience of a poet's work to ask whether the landscapes and townscapes he re-evokes are those of East Prussia or Holstein or Carinthia, whether the background is Danzig or Berlin or Vienna or one of those Mediterranean dreamscapes that enter modern poetry with the work of Gottfried Benn. Nor is it irrelevant to enquire whether a poet lives, writes and publishes in the Federal Republic, Austria, Switzerland, or the GDR; this will affect

---

[46] *Vom mangelnden Selbstvertrauen der schreibenden Hofnarren unter Berücksichtigung nicht vorhandener Höfe, Akzente,* XIII, 1966, p. 198.

not only his social attitudes and the directness or indirectness of their expression, but also, to some extent, the linguistic material he has at his disposal.[47]

The richness of post-war German poetry is such that my selection might easily have been doubled had I been able to command more space; individual poems by Elisabeth Langgässer, Heinz Piontek, Walter Höllerer, Erich Fried, Christa Reinig, Marie-Luise Kaschnitz, Wolf Biermann, and Christoph Meckel clamoured for inclusion. The poets represented are, however, those whose work has given me most consistent pleasure, or has most usefully irritated me, in twenty years of reading. I have selected no poem which does not illustrate a significant phase of their work since 1945 and an important aspect of recent German poetry, but I have only occasionally included poems that are *merely* representative. At the same time I have never excluded a poem on the grounds that it had already appeared in other anthologies. My hope is that the present collection will deepen awareness of a literary climate in which a number of remarkable talents

[47] Cf. Hans Mayer's confrontation of poems by Peter Rühmkorf und Wolf Biermann in: *Zur deutschen Literatur der Zeit. Zusammenhänge, Schriftsteller, Bücher*, Reinbeck, 1967, p. 356: 'Rühmkorfs Lyrik arbeitet mit den Reklamesprüchen und Fabrikmarken Westdeutschlands vom Stetson-Hut bis zum Dural-Patenttopf und der "Zamek-Suppe", ebenso wie Biermann mit dem Parteichinesisch der Losungen und rituellen Formeln. Die Substanzen sind hier ebenso verschieden wie die Sprachbereiche. Das geht hinein bis in die jeweilige — östliche oder westliche — Wort-Aura.' Dieter E. Zimmer, writing in *Die Zeit* of 4 Aug. 1961, was able to construct sentences fully comprehensible only on one side or the other of the frontier dividing present-day Germany. Readers in the Federal Republic, he suggested, would have great difficulty with: 'Die Schülerstoßbrigade versammelte sich in den Räumen der DSF, wo ein Vertreter des Parteiaktivs sie vor allen westlerischen Elementen warnte, die sich in volksfeindlichen Praktizismus flüchten, dem Diversantentum damit Tür und Tor öffnen, nur dem Atomkanzler Vorschub leisten'; while readers in the GDR would be only slightly less puzzled by: 'Dank seiner VW-Aktien konnte der Volksschullehrer, ein Flüchtling aus Mitteldeutschland, den verlorenen Baukostenzuschuß für eine Eigentumswohnung aufbringen und im Urlaub mit dem TEE-Zug in den Süden reisen, denn Camping war sein Hobby.' For the reflection of this problem in the work of Uwe Johnson, cf. R. Hinton Thomas and W. van der Will, *The German Novel and the Affluent Society*, Manchester, 1968, pp. 125–7.

can flourish even when they find it, or claim to find it, un-congenial, and that it will stimulate forays into as yet unanthologized regions of these authors' work.

It is a pleasure to acknowledge the help I have received from students of German in London, Hamburg, and Oxford, with whom I have discussed some of the poems here reprinted; from Mr Trevor Jones; and from Professor Leonard Forster, the teacher and friend to whom this little volume is dedicated.

THE POETS AND THEIR POETRY

ARP, Hans (Jean): born 1887, in Straßburg. A distinguished sculptor as well as a poet writing in French and German. One of the pioneers of the Dada movement. Works include *wortträume und schwarze sterne* (selected poems, 1911–52: Wiesbaden, 1953); *worte mit und ohne anker* (selected poems, 1918–56: Wiesbaden, 1956); *auf einem bein* (Wiesbaden, 1955); *Mondsand* (Pfullingen, 1960). His collected poems are being published by the Arche Verlag, Zürich; *Gedichte*, I, appeared in 1963. Hans Arp died at Meudon in 1966.

A critical study of Arp's earlier work by R. Döhl (*Das literarische Werk Hans Arps, 1903–1930*, Stuttgart, 1967) has many remarks and bibliographical references that apply to the later poetry. Compare also Raoul Hausmann, 'Der Dichter Hans Arp', *German Life and Letters*, 1967; Fritz Usinger, 'Die dichterische Welt Hans Arps', Akademie der Wissenschaften und der Literatur. Abhandlungen der Klasse Literatur, Mainz and Wiesbaden, 1965; Fritz Usinger, 'Hans Arp', *Jahresring 67/86. Beiträge zur deutschen Literatur und Kunst der Gegenwart*, Stuttgart, 1967, and R. W. Last, *H.A. The Poet of Dadaism* (London, 1969). The July issue of *German Life and Letters* (n.s. XXII, 1969) contains analyses of two poems of Arp's by R. W. Last and Harriet Watts.

BACHMANN, Ingeborg: born 1926, at Klagenfurt, Austria. Has written radio-plays and stories as well as poems, and has held a professorship of poetry at Frankfurt University. Collaborated with the composer Hans Werner Henze on several opera-librettos and a ballet-scenario. Poetry in: *Die gestundete Zeit* (München, 1953), *Anrufung des großen Bären* (München, 1956), *Gedichte, Erzählungen, Hörspiel, Essays* (München, 1964). The last-named includes essays on poetry and on the philosophy of Ludwig Wittgenstein. Lives in Berlin.

Bibliography, and critical studies of her work in J. Kaiser and others, *I.B. Eine Einführung* (München, 1963). Compare also J. K. Lyon, 'The Poetry of I.B. A Primeval Impulse in the Modern Wasteland', in *German Life and Letters*, 1963; K. Oppens, 'Gesang und Magie im Zeitalter des Steins. Die Dichtung I.B. und Paul Celans', in *Merkur*, 1963. Special number of *Text + Kritik. Zeitschrift für Literatur*, 1964, devoted to I.B.; G. Hoffmann, 'Sternenmetaphorik im modernen Gedicht . . .', *Germanisch-Romanische Monatsschrift*, 1964; J. Kaiser, 'I.B. — Werk und Interpretation', *Universitas*, 1964.

BENN, Gottfried: born 1886, at Mansfeld near Berlin, son of a Protestant clergyman. Studied first theology, then medicine; Doctor of Medicine, 1912. First poems published 1912 (*Morgue und andere Gedichte*). Saw service as army medical officer, 1914–17; stationed in Brussels. Dermatologist in Berlin from 1917. Welcomed National Socialists in 1933; soon disillusioned; joined army medical corps as a form of 'aristocratic emigration'. Returned to Berlin in 1945; died there 1956. Has written essays and short stories as well as poems. *Gesammelte Werke*, ed. Wellershoff (4 vols, Wiesbaden, 1958–61); *Gesammelte Werke*, ed. Wellershoff (8 vols, Wiesbaden, 1968).

Gottfried Benn: Selected Poems (ed. F. W. Wodtke, Clarendon German Series, 1970) contains a select bibliography. Compare also: E. Kaufmann, 'Das Fremdwort in der Lyrik G.B.s', *Zt. f.dt. Sprache*, 1965; and E. M. Lüders, 'Das lyrische Ich und das gezeichnete Ich': *Zur späten Lyrik G.B.s*, *Wirkendes Wort*, 1965. Benn's own comments on his poetry are collected in *Dichter über ihre Dichtungen: Gottfried Benn*, ed. Lohner (Munich, 1969).

BOBROWSKI, Johannes: born 1917, at Tilsit, East Prussia. Drafted into the German army, he became a Russian prisoner and did not return to Germany until 1949. Settled in East Berlin, where he worked as a publisher's reader. Poems collected in *Sarmatische Zeit* (Stuttgart, 1961; augmented edition, East Berlin, 1961); *Schattenland Ströme* (Stuttgart, 1962); *Wetterzeichen* (Berlin, 1966). Has also written two novels and several short stories. Died in East Berlin in 1965.

Johannes Bobrowski, *Selbstzeugnisse und Beiträge über sein Werk* (Berlin, 1967), and Gerhard Wolf's *Johannes Bobrowski. Leben und Werk* (Berlin, 1957), contain critical essays and bibliographical appendices. Compare also J. Glenn, 'An Introduction to the Poetry of J.B.', *Germanic Review*, 1966; M. Hamburger, 'In memoriam J.B.', *Merkur*, 1966; P. Bridgwater, 'The Poetry of J.B.', *Forum for Modern Language Studies*, 1966; H. Kobligk, 'Zeit und Geschichte im dichterischen Werk J.B.s', *Wirkendes Wort*, 1969; B. Keith-Smith, *Johannes Bobrowski* (London, 1970).

BRECHT, Bertolt: born 1898, in Augsburg, the son of well-to-do middle-class parents. His medical studies at Munich University were interrupted by the first World War. First plays written after the war. The advent of Hitler forced Brecht, whose political convictions were those of the left, into exile. Lived in Denmark, Sweden, Finland; then moved via Russia to San Pedro, California, in 1941. Left the U.S.A. in 1947; settled near Zürich, then moved to East Berlin in 1949, where he founded the *Berliner Ensemble*. Internationally famous as a playwright, Brecht is also becoming increasingly recognized as a great lyric poet. His poetry is most conveniently available in the three volumes devoted to it in the Suhrkamp Verlag's 'Werkausgabe': *Gesammelte Werke* (Frankfurt, 1967), vols 7–10. Brecht died in East Berlin in 1956.

Bertolt Brecht: *Selected Poems* (ed. K. Wölfel, Clarendon German Series, 1965), contains a Bibliography. Compare also: P. Bridgwater, 'Arthur Waley and Brecht', *German Life and Letters*, 1964; G. Dietz, 'B.B.'s dialektische Lyrik', *Deutschunterricht*, 1966; J. Müller, 'Zu einigen späten Spruchgedichten B.s', *Orbis Litterarum*, 1965; K. Schumann, 'Themen und Formenwandel in der späten Lyrik B.s', *Weimarer Beiträge*, 1968.

CELAN, Paul: born 1920 in Czernovitz, Rumania; forced labour camp 1942–3; studied in Vienna 1945–8; then moved to Paris, where he died in 1970. Poems in *Mohn und Gedächtnis*, Stuttgart, 1952; *Von Schwelle zu Schwelle*, Stuttgart, 1955; *Sprachgitter*, Frankfurt, 1959; *Die Niemandsrose*, Frankfurt, 1963; *Atemwende*, Frankfurt, 1967; *Fadensonnen*, Frankfurt, 1968; *Lichtzwang*, Frankfurt, 1970. Has translated poems by Blok, Mandelstam, Essenin, Rimbaud, Valéry, Ungaretti and Supervielle, as well as Shakespeare's sonnets.

J. Firges, *Die Gestaltungsschichten in der Lyrik P.C.s ausgehend vom Wortmaterial*, Diss., Cologne, 1959; J. Firges, 'Sprache und Sein in der Dichtung P.C.s', *Muttersprache*, 1962; K. Oppens, 'Gesang und Magie im Zeitalter des Steins. Zur Dichtung Ingeborg Bachmanns und P.C.s', *Merkur*, 1963; J. K. Lyon, 'The Poetry of P.C. An Approach', *Germanic Review*, 1964; J. Glenn, 'Celan's Transformation of Benn's "Südwort" ', *German Life and Letters*, 1967; P. P. Schwarz, *Totengedächtnis und dialogische Polarität in der Lyrik P.C.s*, Beiheft zur Zeitschrift *Wirkendes Wort*, Düsseldorf, 1966; B. Allemann, 'Nachwort' in P.C. *Ausgewählte Gedichte. Zwei Reden*, Frankfurt, 1968; G. Wienold, 'P.C.s Hölderlin-Widerruf', *Poetica 2*, 1968; P. H. Neumann, *Zur*

Lyrik P.C.s, Göttingen, 1968; P. H. Neumann, *Wortkonkordanz zur Lyrik P.C.s 1952–1967*, München–Allach, 1969; D. Meinecke (ed.), *Über P.C.*, Frankfurt, 1970.

EICH, Günter: born 1907 in Lebus on the Oder. Early interest in radio as a medium for his message. First poems published 1930. During the war, Eich served in the army and was taken prisoner by the Americans. After release in 1946, Eich returned to writing poetry (*Abgelegene Gehöfte*, Frankfurt, 1948), and captured a wide public with a series of radio-plays. Further poems in *Untergrundbahn* (Hamburg, 1949); *Botschaften des Regens* (Frankfurt, 1955); *Zu den Akten* (Frankfurt, 1964); *Anlässe und Steingärten* (Frankfurt, 1966); *Maulwürfe* (Frankfurt, 1968). Lived in Upper Bavaria until recently; now lives in Austria.

W. Weber, 'G.E., Zeit ohne Zeit', *Gesammelte Aufsätze zur Literatur*, 1959; W. Höllerer, 'Nachwort', in G.E., *Ausgewählte Gedichte* (Frankfurt, 1960); special issue of *Text + Kritik. Zeitschrift für Literatur*, 1964, devoted to G.E.; E. Krispyn, 'G.E. and the Birds', *The German Quarterly*, 1954; E. Krispyn, 'G.E.'s Lyrik bis 1954', *The German Quarterly*, 1967; G. Bien, 'Welten aus Sprache', *Sprache im technischen Zeitalter*, 1962; S. Müller-Hanpft (ed.), *Über G. E.*, Frankfurt, 1970.

ENZENSBERGER, Hans Magnus: born 1929, at Kaufbeuren (Allgäu). Drafted into the *Volkssturm* in 1944. Studied literature at Erlangen, Hamburg, Freiburg, and Paris, 1948–55; awarded doctorate 1955. Lives in Norway as free-lance writer; many guest-lectures at institutes and universities in Germany and elsewhere. Has been a radio-producer and a publisher's reader. Poems in *verteidigung der wölfe* (Frankfurt, 1957), *landessprache* (Frankfurt, 1960), *blindenschrift* (Frankfurt, 1964). Has written influential essays on literature, language, and politics: *Clemens Brentanos Poetik* (Munich, 1961); *Einzelheiten. Essays* (Frankfurt, 1962 and 1965); *Politik und Verbrechen* (Frankfurt, 1964). Edited several anthologies: *Museum der modernen Poesie* (Frankfurt, 1960); *Allerleirauh. Viele schöne Kinderreime* (Frankfurt, 1961). Translator of William Carlos Williams and César Vallejo.

P. Noak, 'Fremdbrötler von Beruf', *Der Monat*, 1963; K. Oppens, 'Pessimistischer Deismus. Zur Dichtung H.M.E.'s', *Merkur*, 1963; C. Schröder, 'H.M.E. Ein Beitrag zur Problematik eines westdeutschen Lyrikers', *Deutschunterricht* (Berlin), 1966; D. Schlenstedt, 'Aufschrei und Unbehagen. Notizen zur Problematik eines westdeutschen Lyrikers', *Neue Deutsche Literatur*, 1961; W. Kelsch, 'Der zornige Poet', *Deutschunterricht* (Berlin), 1966; F. Bridgwater, 'The Making of a Poet: Hans Magnus Enzensberger', *German Life and Letters*, 1967; M. Hamburger, 'Introduction' to H.M.E.'s *Selected Poems* (Penguin Books, 1968); P. Hamm, 'Opposition — am Beispiel H.M.E.', *Kürbiskern*, 1968; Y. Karsunke, 'Vom Singen in finsteren Zeiten' (ibid.); J. Schickel (ed.), *Über H.M.E.*, Frankfurt, 1970.

GOLL, Yvan: born 1891, at St Dié (Vosges); called himself 'durch Schicksal Jude, durch Zufall in Frankreich geboren, durch ein Stempelpapier als Deutscher bezeichnet'. Studied at Strassburg and Lausanne; lived in Switzerland during First World War, then in Paris (1919–39). Friendship with Apollinaire and his circle of poets and painters. Emigrated to New York in 1939, returning to France in 1947. Died of leucaemia in Paris in 1950. Poetry in *Dichtungen*, ed. Claire Goll (Darmstadt, 1960) (with bibliography and critical essays); *Jean Sans Terre*, ed. F. J. Carmody (Berkeley and Los Angeles, 1962). Goll wrote in German, French, and English.

R. Exner, 'Y.G.s Werk seit 1930', in *Dichtungen*, ed. C. Goll (see above); R. Exner, 'Y.G. Zu seiner deutschen Lyrik', *German Life and Letters*, 1955; J. Romains, M. Brion, F. Carmody and R. Exner, *L'Œuvre d'Y.G.* (Paris, 1956); J. Müller, 'Y.G. im deutschen Expressionismus', *Sitzungsberichte der sächsischen Akademie der Wissenschaften, Philosophisch-historische Klasse*, CVII (Berlin, 1962).

GRASS, Günter: born 1927, at Danzig. Drafted into the army in 1944; wounded and taken prisoner by the Americans. Worked as labourer, jazz-musician and stone-mason after the war; then studied fine arts at Düsseldorf and Berlin academies. In the fifties began to make his name as a poet and illustrator; his first volume of poems was published in 1956 (*Die Vorzüge der Windhühner*). Achieved first German and then international fame with his novel *Die Blechtrommel* (Neuwied, 1959), which was followed by a novella and two further novels. He has also written plays for stage and radio, and proved himself an effective and forceful political campaigner. His later poetry is collected in *Gleisdreieck* (Neuwied, 1960), and *Ausgefragt* (Neuwied, 1967). He lives in Berlin.

Special issue of *Text + Kritik. Zeitschrift für Literatur*, 1963, devoted to G.G.; K. L. Tank, *Günter Grass* (Berlin, 1965); L. W. Forster, 'Günter Grass', *University of Toronto Quarterly*, October 1968;

Th. Wieser (ed.), *Günter Grass. Porträt und Poesie* (Neuwied, 1968);
G. Loschütz (ed.), *Von Buch zu Buch. G.G. in der Kritik* (Neuwied, 1968).
The books by Wieser and Loschütz contain full Bibliographies.

HEISSENBÜTTEL, Helmut: born 1921, in Rüstringen near Wil-
helmshaven. Entered the German army in 1940; severely wounded
1942. Studied architecture and literature at the Dresden, Leipzig
and Hamburg universities. Worked as publisher's reader in Hamburg
1955–7; now in charge of radio talks at Stuttgart. His texts have been
published as *Kombinationen* (Esslingen, 1954) and *Topographien*
(Esslingen, 1956), and (after the brief *Texte ohne Komma* (Frauenfeld,
1960)), in a series of *Textbücher*, of which six have so far appeared
(Olten, 1960–5; Neuwied, 1967). His essays on literature appear
in the volume *Über Literatur* (Olten, 1966).

A. Donath, 'Falsch verbunden', *Frankfurter Hefte*, 1955; U. Kulker-
mann, 'Auf dem Weg zum absoluten Gedicht', *Augenblick*, 1955;
K. A. Horst, 'H.H.: Versuch einer Ortsbestimmung', *Merkur*, 1962;
E. Schöfer, 'Poesie als Sprachforschung', *Wirkendes Wort*, 1965;
R. Döhl, 'H.H. Ein Versuch', *Wort in der Zeit*, 1966.

HUCHEL, Peter: born 1903, in Berlin. Spent much of his childhood
in the Brandenburg landscape that provides so frequently the setting
of his poetry. First poems published in the 1920s. Drafted into
German army 1940; returned from Russian captivity 1945, settled in
East Berlin as publisher's reader and radio producer. From 1948
until his dismissal in 1962 he edited the principal literary periodical
of the GDR, *Sinn und Form*. His poems have been collected in *Gedichte*
(Berlin, 1948), *Chausseen Chausseen* (Frankfurt, 1963), and *Die Sternen-
reuse. Gedichte 1925–1947* (München, 1967). Lives in Potsdam.

E. Zack, *Peter Huchel* (Berlin, 1953); Ingo Seidler, 'Peter Huchel',
Neue deutsche Heft, 1968; Franz Schonauer, 'P.H.s Gegenposition',
Akzente, 1965; O. Best (ed.), *Hommage für Peter Huchel* (München,
1968).

JANDL, Ernst: born 1925, in Vienna. Inducted into the German
army, 1943; prisoner of war; returned to Vienna 1946. Lives in
Vienna, where he works as a teacher of English. Internationally
famous as a reciter of his own sound-poems. Publications include
Andere Augen (Vienna, 1956); *Zwischen den Räumen* (Wiesbaden, 1963);
lange gedichte (Stuttgart, 1964); *mai hart lieb zapfen eibe hold* (London,

1965); *Laut und Luise* (Olten, 1966); *No Music Please* (London, 1967); and *sprechblasen* (Neuwied, 1968).

A. Okopenko, 'Ärger, Spaß, Experiment u. dgl. Der Wiener Antilyriker E.J.', *Wort in der Zeit*, 1964; H. Heissenbüttel, 'Nachwort', in *Laut und Luise* (Olten, 1966); S. S. Prawer, 'Some recent Language Games', *Essays in German Language, Culture and Society*, ed. Prawer, Thomas and Forster (London, 1969).

KUNERT, Günter: born 1929, in Berlin. Settled in East Berlin after the war; studied applied arts 1946–9. First volume of poetry published by the Aufbau Verlag in 1950: *Wegschilder und Mauerinschriften*. Has written short prose pieces, television and film scripts as well as poetry. Poems collected in *Unter diesem Himmel* (Berlin, 1955); *Tagwerke* (Halle, 1961); *Das kreuzbrave Liederbuch* (Berlin, 1961); *Erinnerungen an einen Planeten* (München, 1963); *der ungebetene gast* (Berlin, 1965); and *Verkündigung des Wetters* (München, 1966). Lives in East Berlin.

K. Werner, 'Zur Brecht-Rezeption bei Günter Kunert und Hans Magnus Enzensberger', *Weimarer Beiträge*, 1968.

LAVANT, Christine: born 1915, in the village of Groß-Edling, near St Stefan, Carinthia, Austria. Grew up in great poverty; partially blind and deaf; long made her living by knitting. Poems collected in *Die Bettlerschale* (Salzburg, 1956); *Spindel im Mond* (Salzburg, 1959); *Wirf ab den Lehm* (Graz, 1961); and *Der Pfauenschrei* (Salzburg, 1962). Has also written short stories and a radio play. Lives in St Stefan.

W. Schmied, 'Die Welt der C.L.' (in *Wirf ab den Lehm*, above); and W. Schmied, 'Unabhängig von der Welt', *Wort in der Zeit*, 1965.

LEHMANN, Wilhelm: born 1882, in Puerto Cabello (Venezuela), of German parents who moved to Hamburg in 1885. Studied English and German; became a schoolteacher; infantryman in the German army 1917–18; prisoner of war in England 1918–19; schoolteacher in Eckernförde, Schleswig, 1923–47. First volume of poems, *Antwort des Schweigens* (Berlin, 1935). Poetry collected in vol. 3 of W.L.'s *Sämtliche Werke* (Gütersloh, 1962), and in *Sichtbare Zeit. Gedichte aus den Jahren 1962–1966* (Gütersloh, 1967). He lived in Eckernförde until his death in 1968.

W. Siebert (ed.), *Gegenwart des Lyrischen. Essays zum Werk Wilhelm Lehmanns* (Gütersloh, 1966); S. S. Prawer, 'The Poetry of W.L.', *German Life and Letters*, 1962.

SACHS, Nelly: born 1891, in Berlin, daughter of well-to-do Jewish parents. Began writing verse and prose *c.* 1907; a volume of *Legenden und Erzählungen* published 1921, poems in several journals during the twenties and thirties. Escaped from Hitler's Germany to Sweden in 1940. First volume of poetry, *In den Wohnungen des Todes*, published 1946. Poems collected in *Fahrt ins Staublose* (Frankfurt, 1961); *Glühende Rätsel* (Frankfurt, 1964); *Späte Gedichte* (Frankfurt, 1965); *Die Suchende* (Frankfurt, 1966). Her translations from the Swedish appear in *Schwedische Gedichte*, ausgewählt und übertragen von N.S. (Neuwied, 1965). Shared Nobel Prize for Literature, 1966. Nelly Sachs died in Stockholm in 1970.

O. Lagercrantz, *Versuch über die Lyrik der Nelly Sachs* (Frankfurt, 1967); B. Holmqvist (ed.), *Das Buch der Nelly Sachs* (Frankfurt, 1968) (with bibliography). I. Bachmann and others: *Nelly Sachs zu Ehren. Gedichte, Prosa, Beiträge* (Frankfurt, 1961); *Nelly Sachs zu Ehren. Zum 75. Geburtstag. Gedichte, Beiträge, Bibliographie* (Frankfurt, 1966); W. A. Berendsohn, *Nelly Sachs. Der künstlerische Aufstieg der Dichterin jüdischen Schicksals* (Dortmund n.d.). Special issue of *Text + Kritik. Zeitschrift für Literatur*, 1969, devoted to N.S.

SELECT BIBLIOGRAPHY

A. The following anthologies contain important critical prefaces, postscripts or notes:

H. Bender (ed.), *Widerspiel. Deutsche Lyrik seit 1945*, München, 1962.

H. Brenner (ed.), *Nachrichten aus Deutschland. Lyrik, Prosa, Dramatik. Eine Anthologie der neueren D.D.R. Literatur*, Reinbek, 1967.

R. Döhl (ed.), *zwischenräume. 8mal gedichte*, Wiesbaden, 1963.

W. R. Fuchs, *Lyrik unserer Jahrhundertmitte*, München, 1965.

M. Hamburger and C. Middleton (eds), *Modern German Poetry, 1910–1960*, London, 1962.

Peter Hamm (ed.), *Aussichten. Junge Lyriker des deutschen Sprachraums*, München, 1966.

W. Höllerer (ed.), *Ein Gedicht und sein Autor. Lyrik und Essay*, Berlin, 1967.

W. Höllerer (ed.), *Transit. Lyrikbuch der Jahrhundertmitte*, Frankfurt, 1956.

V. Lange (Preface), *Contemporary German Poetry*, trans. and ed. G. G. C. Schwebell, New York, 1962.

F. Mon, W. Höllerer und M. de la Motte (eds), *movens. Dokumente und Analysen zur Dichtung, bildenden Kunst, Musik, Architektur*, Wiesbaden, 1960.

H. Piontek (ed.), *Neue deutsche Erzählgedichte*, Stuttgart, 1964.

B. Useful discussions of the poetry represented in this anthology will be found in:

H. Bienek (ed.), *Werkstattgespräche mit Schriftstellern*, Munich, 1961.

H. O. Burger and R. Grimm, *Evokation und Montage. Drei Beiträge zum Verständnis moderner deutscher Lyrik*, Göttingen, 1961.

H. Domin (ed.), *Doppelinterpretationen. Das zeitgenössische deutsche Gedicht zwischen Autor und Leser*, Frankfurt, 1966.

L. W. Forster, 'German Lyric Poetry since Gottfried Benn', *Forum for Modern Language Studies*, October, 1966.

H. Friedrich, *Die Struktur der modernen Lyrik, Von Baudelaire bis zur Gegenwart*, Hamburg, 1956.

R. Grimm, *Strukturen. Essays zur deutschen Literatur*, Göttingen, 1963.

M. Hamburger, *Zwischen den Sprachen*, Frankfurt, 1966.

M. Hamburger, *The Truth of Poetry. Tensions in Modern Poetry from Baudelaire to the 1960s*, London, 1969.

P. Härtling, *In Zeilen zuhaus*, Pfullingen, 1957.

D. Hasselblatt, *Lyrik heute. Kritische Abenteuer mit Gedichten*, Gütersloh, 1963.

C. Heselhaus, *Deutsche Lyrik der Moderne. Von Nietzsche bis Yvan Goll*, Düsseldorf, 1961.

R. v. Heydebrand and K. G. Just (eds), *Wissenschaft als Dialog. Studien zur Literatur und Kunst der Jahrhundertwende*, Stuttgart, 1969.

H. E. Holthusen, *Ja und Nein, Kritische Versuche*, München, 1954.

H. E. Holthusen, *Das Schöne und das Wahre, Neue Studien zur modernen Literatur*, München, 1958.

H. E. Holthusen, *Plädoyer für den Einzelnen. Kritische Beiträge zur literarischen Diskussion*, München, 1967.

K. A. Horst, *Kritischer Führer durch die Literatur der Gegenwart*, München, 1962.

W. Iser (ed.), *Immanente Ästhetik, Ästhetische Reflexion. Lyrik als Paradigma der Moderne*, München, 1966.

W. Jacobs, *Moderne Dichtung. Zugang und Deutung*, Gütersloh, 1962.

W. Jens, *Deutsche Literatur der Gegenwart*, München, 1961 (dtv edition, München, 1964).

B. Keith-Smith (ed.), *Essays on Contemporary German Literature*, London, 1966.

K. Krolow, *Aspekte zeitgenössischer deutschen Lyrik*, Gütersloh, 1961.

H. Kunisch (ed.), *Handbuch der Gegenwartsliteratur*, München, 1964.

P. K. Kurz, *Über moderne Literatur. Standorte und Deutungen*, Frankfurt, 1967.

K. Leonhard, *Moderne Lyrik. Monolog und Manifest*, Bremen, 1963.

R. E. Lorbe, *Lyrische Standpunkte. Interpretationen moderner Gedichte*, München, 1968.

R. N. Maier, *Das moderne Gedicht*, Düsseldorf, 1959.

R. N. Maier, *Paradies der Weltlosigkeit. Untersuchungen zur abstrakten Dichtung seit 1909*, Stuttgart, 1964.

Hans Mayer, *Ansichten. Zur deutschen Literatur der Zeit*, Reinbek, 1962.

Hans Mayer, *Zur deutschen Literatur der Zeit. Zusammenhänge, Schriftsteller, Bücher*, Reinbek, 1967.

K. Nonnenmann (ed.), *Schriftsteller der Gegenwart. 53 Porträts*, Olten, 1963.

W. Pielow, *Das Gedicht im Unterricht. Wirkungen, Chancen, Zugänge*, München, 1965.

Peter Rühmkorf, *Bestandaufnahme*, München, 1962.

E. W. Schulz, *Wort und Zeit. Aufsätze und Vorträge zur Literaturgeschichte*, Neumünster, 1968.

M. Seidler, *Moderne Lyrik im Deutschunterricht*, 2nd edition, Frankfurt, 1965.

J. Speck (ed.), *Kristalle. Moderne deutsche Gedichte für die Schule*, München, 1967.

D. Weber (ed.), *Deutsche Literatur seit 1945*, Stuttgart, 1969.

W. Weyrauch, *Dialog über neue deutsche Lyrik*, Itzehoe, 1965.

B. v. Wiese (ed.), *Deutsche Dichter der Moderne*, Berlin, 1965.

C. For background reading, the following may be recommended:

H. M. Brockmann (ed.), *Dichter und Richter. Die Gruppe 47 und ihre Gäste*, München, 1962.
*Der Büchnerpreis. Die Reden der Preisträger
1950–1962*, Heidelberg and Darmstadt, 1963.

R. Dahrendorf, *Gesellschaft und Demokratie in Deutschland*, München, 1965.

H. M. Enzensberger, *Einzelheiten*, Frankfurt, 1962.

Max Frisch, *Tagebuch 1946–1949*, Frankfurt, 1965.

A. Gehlen, *Die Seele im technischen Zeitalter*, Reinbek, 1957.

R. Lettau (ed.), *Die Gruppe 47*, Berlin, 1968.

M. Hamburger, *From Prophecy to Exorcism. The Premisses of German Literature*, London, 1965.

M. Reich-Ranicki, *Literarisches Leben in Deutschland*, München, 1965.

H. W. Richter (ed.), *Bestandaufnahme. Eine deutsche Bilanz 1962*, München, 1962.

J. Roy and P. Cotet (ed.), *Deutsche erleben ihre Zeit, 1942–1962. Literatur und Dokumente*, Paris, 1963.

R. Hinton Thomas and W. van der Will, *The German Novel and the Affluent Society*, Manchester, 1968.

K. Wagenbach (ed.), *Atlas zusammengestellt von deutschen Autoren*, Berlin, 1965.

Martin Walser, *Erfahrungen und Leseerfahrungen*, Frankfurt, 1965.

U. Widmer, *1945 oder die „NEUE SPRACHE"*, Düsseldorf, 1966.

Other critical works are cited in the Introduction and Notes, and in the section The Poets and their Poetry. Compare also J. Glenn, 'Approaching the contemporary German lyric: a selected, annotated bibliography', *Modern Language Journal*, LI (1967), pp. 480–92.

Deutsche Zeit 1947

Blechdose rostet, Baumstumpf schreit.
Der Wind greint. Jammert ihn die Zeit?
Spitz das Gesicht, der Magen leer,
Den Krähen selbst kein Abfall mehr.

5   Verlangt nach Lust der dürre Leib,
Für Brot verkauft sich Mann und Weib.
Ich lache nicht, ich weine nicht,
Zu Ende geht das Weltgedicht.

Da seine Strophe sich verlor,
10 Die letzte, dem ertaubten Ohr,
Hat sich die Erde aufgemacht,
Aus Winterohnmacht spät erwacht.

Zwar schlug das Beil die Hügel kahl,
Versuch, versuch es noch einmal.
15 Sie mischt und siebt mit weiser Hand:
In Wangenglut entbrennt der Hang,
Zu Anemone wird der Sand.

Sie eilen, grämlichen Gesichts.
Es blüht vorbei. Es ist ein Nichts.
20 Mißglückter Zauber? Er gelang.
Ich bin genährt. Ich hör Gesang.

Atemholen

Der Duft des zweiten Heus schwebt auf dem Wege,
Es ist August. Kein Wolkenzug.

Kein grober Wind ist auf den Gängen rege,
Nur Distelsame wiegt ihm leicht genug.

5   Der Krieg der Welt ist hier verklungene Geschichte,
Ein Spiel der Schmetterlinge, weilt die Zeit.
Mozart hat komponiert, und Shakespeare schrieb
    Gedichte,
So sei zu hören sie bereit.

Ein Apfel fällt. Die Kühe rupfen.
10 Im Heckenausschnitt blaut das Meer.
Die Zither hör ich Don Giovanni zupfen,
Bassanio rudert Portia von Belmont her.

Auch die Empörten lassen sich erbitten,
Auch Timon von Athen und König Lear.
15 Vor dem Vergessen schützt sie, was sie litten.
Sie sprechen schon. Sie setzen sich zu dir.

Die Zeit steht still. Die Zirkelschnecke bändert
Ihr Haus. Kordelias leises Lachen hallt
Durch die Jahrhunderte. Es hat sich nicht geändert.
20 Jung bin mit ihr ich, mit dem König alt.

Nach der zweiten Sintflut

Geschieden wieder Wasser, Erde.
Doch keine Arche legte an.
Die Wege steinigen und sanden,
Da alle Menschenzeit verrann.

5   Die Ammer schüttet dünne Strophe,
Ein Hier entstieg dem Nirgendwo —
Der Menschenstimme überdrüssig,
Spricht sich das Schweigen lieber so.

Wo Bomber stürzte, rostet Eisen,
10 Vergeßlich hüllt das Gras den Platz.
Die Lüfte zucken drachenschweifig,
Kein Lindwurm hütet solchen Schatz.

Der Himmel glüht, die Steine beben,
Die Ammer bleibt bei ihrem Ton.
15 Die zweite Sintflut überleben
Nicht Pyrrha, nicht Deukalion.

Unberühmter Ort

Septemberpause, da schweigt der Wind.
Unter hohem Himmel, bei Hafergebind,
Chronist, memorier
Geschwindes Jetzt, veränderliches Hier.

5 Den unberühmten Ort
Bemerkte kein schallendes Wort.
Nie hat er Charlemagne gesehn,
Auch keine Schlacht ist ihm geschehn.
Die Hecken tapeziert der Harlekin mit Flügelseide,
10 Sie stünde Kaiser Karl wie Hermelin zum Kleide.
Der Apfel bleibt liegen, wohin er fiel;
Den Sand des Weges schlitzt ein Bauernwagen.
Die Stare sammeln sich. Sie halten Konzil.
Hör zu, Chronist, schreib mit, was sie sagen.

Alter Mann mit Blumen

Perlt der Sand und rieselt Krume,
Ziehen sie die jungen Glieder
Aus dem Schoße Immerwieder,
Lungenkraut und Schlüsselblume.

5 Tu die Wärme deiner Finger
Um die kühlen Stengel leicht,
Daß ihr Pulsschlag sie nicht brenne,
Da er nicht dem ihren gleicht.

Ihr, dem Erdenkorn Entschwebte,
10 Ich, entsprungen heißem Willen:
Euer Anfang, mein Zuende
Treffen sich im Kühlen, Stillen.

Die Eine

Den Reisebus
Streift Laubes Kuss.
Das Laub weiß im Wagen die Eine.

Sie fährt ans Meer.
5   Schon grüßt es her,
Vorfreude ist ihre wie seine.

In die Welle getaucht,
Hört sie, es haucht
Das Wasser: 'Bleib bei mir, Undine.'

10   Brombeere schwillt,
Ihr zugewillt,
Für ihren Mund honigt die Biene.

Niemand hat Mut,
Wer aus Fleisch und Blut,
15   Zu berühren sie mit Verlangen.

Dryadisch verwandt,
Umtanzt, Korybant,
Der Wald ihr die Hüften, die Wangen.

Canto Sereno

Hast du jetzt das Leben ausgeübt
Und sprichst heiter mit der schlimmen Welt?

'Sähst du lieber mich betrübt?'

Sag uns, was dir an der Welt gefällt
5   Und du mehr als nichts erreicht.

'Wäre nicht das Hiersein schwer, wär' es nicht leicht.
Schwalbe kehrt, in blauem Frack, mit weißer Brust;
Seraph, wiegt sie sich in Erdenlust.'

Das Entsetzliche in Wohlgestalt:
10   Eine kurze Weile warm, dann kalt.

'Nicht zu kurz. Vivaldi hört es widerhallen,
Und den Zwang der Verse läßt es sich gefallen.'

GOTTFRIED BENN

Quartär

I

Die Welten trinken und tränken
sich Rausch zu neuem Raum
und die letzten Quartäre versenken
den ptolemäischen Traum.
5   Verfall, Verflammen, Verfehlen —
in toxischen Sphären, kalt,
noch einige stygische Seelen,
einsame, hoch und alt.

II

Komm — laß sie sinken und steigen,
10   die Zyklen brechen hervor:
uralte Sphinxe, Geigen
und von Babylon ein Tor,
ein Jazz vom Rio del Grande,
ein Swing und ein Gebet —
15   an sinkenden Feuern, vom Rande,
wo alles zu Asche verweht.

Ich schnitt die Gurgel den Schafen
und füllte die Grube mit Blut,
die Schatten kamen und trafen
20   sich hier — ich horchte gut —,
ein jeglicher trank, erzählte
von Schwert und Fall und frug,
auch stier- und schwanenvermählte
Frauen weinten im Zug.

25 Quartäre Zyklen — Szenen,
doch keine macht dir bewußt,
ist nun das Letzte die Tränen
oder ist das Letzte die Lust
oder beides ein Regenbogen,
30 der einige Farben bricht,
gespiegelt oder gelogen —
du weißt, du weißt es nicht.

III

Riesige Hirne biegen
sich über ihr Dann und Wann
35 und sehen die Fäden fliegen,
die die alte Spinne spann,
mit Rüsseln in jede Ferne
und an alles, was verfällt,
züchten sich ihre Kerne
40 die sich erkennende Welt.

Einer der Träume Gottes
blickte sich selber an,
Blicke des Spiels, des Spottes
vom alten Spinnenmann,
45 dann pflückt er sich Asphodelen
und wandert den Styxen zu —
laß sich die Letzten quälen,
laß sie Geschichte erzählen —
Allerseelen —
50 Fini du tout.

Statische Gedichte

Entwicklungsfremdheit
ist die Tiefe des Weisen,
Kinder und Kindeskinder
beunruhigen ihn nicht,
5 dringen nicht in ihn ein.

Richtungen vertreten,
Handeln,
Zu- und Abreisen
ist das Zeichen einer Welt,
10   die nicht klar sieht.
Vor meinem Fenster
— sagt der Weise —
liegt ein Tal,
darin sammeln sich die Schatten,
15   zwei Pappeln säumen einen Weg,
du weißt — wohin.

Perspektivismus
is ein anderes Wort für seine Statik:
Linien anlegen,
20   sie weiterführen
nach Rankengesetz —
Ranken sprühen —,
auch Schwärme, Krähen,
auswerfen in Winterrot von Frühhimmeln,

25   dann sinken lassen —

du weißt — für wen.

Satzbau

Alle haben den Himmel, die Liebe und das Grab,
damit wollen wir uns nicht befassen,
das ist für den Kulturkreis besprochen und
    durchgearbeitet.
Was aber neu ist, ist die Frage nach dem Satzbau
5   und die ist dringend:
warum drücken wir etwas aus?

Warum reimen wir oder zeichnen ein Mädchen
direkt oder als Spiegelbild
oder stricheln auf eine Handbreit Büttenpapier
10   unzählige Pflanzen, Baumkronen, Mauern,

letztere als dicke Raupen mit Schildkrötenkopf
sich unheimlich niedrig hinziehend
in bestimmter Anordnung?

Überwältigend unbeantwortbar!
15 Honoraraussicht ist es nicht,
viele verhungern darüber. Nein,
es ist ein Antrieb in der Hand,
ferngesteuert, eine Gehirnlage,
vielleicht ein verspäteter Heilbringer oder Totemtier,
20 auf Kosten des Inhalts ein formaler Priapismus,
er wird vorübergehn,
aber heute ist der Satzbau
das Primäre.

'Die wenigen, die was davon erkannt' — (Goethe) —
wovon eigentlich?
Ich nehme an: vom Satzbau.

Die Gitter

Die Gitter sind verkettet,
ja mehr: die Mauer ist zu —:
du hast dich zwar gerettet,
doch *wen* rettetest du?

5 Drei Pappeln an einer Schleuse,
eine Möwe im Flug zum Meer,
das ist der Ebenen Weise,
da kamst du her,

dann streiftest du Haar und Häute
10 alljährlich windend ab
und zehrtest von Trank und Beute,
die dir ein anderer gab,

ein anderer — schweige — bitter
fängt diese Weise an —
15 du rettetest dich in Gitter,
die nichts mehr öffnen kann.

Was schlimm ist

Wenn man kein Englisch kann,
von einem guten englischen Kriminalroman zu hören,
der nicht ins Deutsche übersetzt ist.

Bei Hitze ein Bier sehn,
5   das man nicht bezahlen kann.

Einen neuen Gedanken haben,
den man nicht in einen Hölderlinvers einwickeln kann,
wie es die Professoren tun.

Nachts auf Reisen Wellen schlagen hören
10 und sich sagen, dass sie das immer tun.

Sehr schlimm: eingeladen sein,
wenn zu Hause die Räume stiller,
der Café besser
und keine Unterhaltung nötig ist.

15 Am schlimmsten:
nicht im Sommer sterben,
wenn alles hell ist
und die Erde für Spaten leicht.

Epilog 1949, I

Die trunkenen Fluten fallen —
die Stunde des sterbenden Blau
und der erblaßten Korallen
um die Insel von Palau.

5   Die trunkenen Fluten enden
als Fremdes, nicht dein, nicht mein,
sie lassen dir nichts in Händen
als der Bilder schweigendes Sein.

Die Fluten, die Flammen, die Fragen —
10 und dann auf Asche sehn:

'Leben ist Brückenschlagen
über Ströme, die vergehn.'

Reisen

Meinen Sie Zürich zum Beispiel
sei eine tiefere Stadt,
wo man Wunder und Weihen
immer als Inhalt hat?

5 Meinen Sie, aus Habana,
weiß und hibiskusrot,
bräche ein ewiges Manna
für Ihre Wüstennot?

Bahnhofstrassen und Ruen,
10 Boulevards, Lidos, Laan —
selbst auf den Fifth Avenuen
fällt Sie die Leere an —

Ach, vergeblich das Fahren!
Spät erst erfahren Sie sich:
15 bleiben und stille bewahren
das sich umgrenzende Ich.

Kann keine Trauer sein

In jenem kleinen Bett, fast Kinderbett, starb die Droste
(zu sehn in ihrem Museum in Meersburg),
auf diesem Sofa Hölderlin im Turm bei einem Schreiner,
Rilke, George wohl in Schweizer Hospitalbetten,
5 in Weimar lagen die grossen schwarzen Augen
Nietzsches auf einem weissen Kissen
bis zum letzten Blick —
alles Gerümpel jetzt oder gar nicht mehr vorhanden,
unbestimmbar, wesenlos
10 im schmerzlos-ewigen Zerfall.

Wir tragen in uns Keime aller Götter,
das Gen des Todes und das Gen der Lust —
wer trennte sie: die Worte und die Dinge,
wer mischte sie: die Qualen und die Statt,
15 auf der sie enden, Holz mit Tränenbächen,
für kurze Stunden ein erbärmlich Heim.

Kann keine Trauer sein. Zu fern, zu weit,
zu unberührbar Bett und Tränen,
kein Nein, kein Ja,
20 Geburt und Körperschmerz und Glauben
ein Wallen, namenlos, ein Huschen,
ein Überirdisches, im Schlaf sich regend,
bewegte Bett und Tränen —
schlafe ein!

HANS ARP

From *Mondsand*

Ein großes Mondtreffen ist anberaumt worden.
Monde und alles, was mit dem Mond zu tun hat,
werden sich da einstellen.
Mondquellen,
5 befiederte Monde,
Mondglocken,
weiße Monde mit diamantenem Nabel,
Monde mit Handgriffen aus Elfenbein,
winzige Mondlakaien, die über alles gerne
10 Polstermöbel mit kochend heißem Wasser begießen,
größenwahnsinnige Rosen,
die sich für einen Mond halten.
Weiße Monde, die schwarze Tränen weinen,
Mondanagramme, die beinahe ausschließlich
15 aus Anna bestehen
und denen nur einige Gramme

Mond beigefügt wurden.
Ein Mondkonglomerat von silbernen Zweigen,
das sich silbern weiterverzweigt
20 und an dem Mondfrüchte reifen.
Ein nackter Mond, wie alle Monde nackt,
jedoch mit einem Hut, an dem ein Feigenblatt
befestigt ist.
Altehrwürdige Mondeier
25 und darunter viele schrecklich verschimmelte
in Sfumatosänften.
Leider ist nicht alles Mond, was Silber ist.
Einige blümerante Unholde sind unter
den freßsäckenden Talmimonden,
30 die eine Schattenmatte um die andere Schattenmatte,
Riesentränen aus Pech,
und mit gleicher Lust die eigene Brut
verschlingen verschlingen verschlingen.
Doppelköpfige Monde,
35 Monde mit einem Nabel von gewaltiger Brisanz
und was sich darauf reimt wie
Glanz, Kranz, Vakanz, Byzanz, Hans.
Ja, auch Mondfahrer und Mondträumer,
wie ich einer bin,
werden sich zu dem Mondtreffen einstellen.

In einer eckigen Nacht rollen runde Monde.
Zwei Monde würfeln um eine Rose:
Ein burgunderroter Mond
und ein französischer weiblicher Mond,
5 eine Madame La Lune.
Sie ist ganz besonders reizend.
Ich will aber dem lieben deutschen Mond
beileibe nicht zu nahe treten.
Weinselige Trunkenbolde träumen
10 von einem guten Tropfen, der die Größe
unseres guten Mondes hat.

Ein wurmstichiger Mond fällt aus den Zweigen
der kosmischen Kulissen.
Ein Mond verläßt einen kosmetischen Tempel,
15 frisiert, onduliert, dämonisiert und besonders beschirmt
von einem geschwungenen und gewichsten
    Überschnurrbart.
Eine Billardkugel hält sich für einen Mond.
Ein voller Mond möchte einschrumpfen,
ein Menschlein werden
20 und mit müden Gebärden
ganz und gar menschlich versumpfen.

Ein Mond aus Blut.
Ein Mond aus Schnee.
Ein Mond der so tut
als sei er unbeweglich
5 aber unerwartet und im Handumdrehen
sich vor den Augen eines Mondträumers
in die bodenlose Tiefe fallen läßt
um im gleichen Augenblick
aus der bodenlosen Tiefe
10 hinter dem Mondträumer
wieder aufzutauchen
stumm wild silbern lächelnd.

Die Ebene

Ich befand mich allein mit einem Stuhl auf
einer Ebene,
    die sich in einen leeren Horizont verlor.
    Die Ebene war fehlerlos asphaltiert.
    Nichts, aber auch gar nichts ausser mir und
dem Stuhl befand sich auf ihr.
5   Der Himmel war immerwährend blau.
    Keine Sonne belebte ihn.

Ein unerklärliches, vernünftiges Licht erhellte
die endlose Ebene.
Wie künstlich aus einer anderen Sphäre projiziert,
erschien mir dieser ewige Tag.
10 Ich hatte nie Schlaf, nie Hunger, nie Durst,
nie heiß, nie kalt.
Da sich nichts auf dieser Ebene ereignete
und veränderte,
war die Zeit nur ein abwegiges Gespenst.
Die Zeit lebte noch ein wenig in mir,
und dies hauptsächlich wegen des Stuhles.
15 Durch meine Beschäftigung mit ihm verlor
ich den Sinn für Vergangenes nicht ganz.
Ab und zu spannte ich mich, als sei ich ein
Pferd, vor den Stuhl
und trabte mit ihm bald im Kreis, bald gerade aus.
Daß es gelang, nehme ich an,
ob es gelang, weiß ich nicht,
20 da sich ja im Raume nichts befand,
an dem ich meine Bewegung hätte nachprüfen
können.
Saß ich auf dem Stuhl, so grübelte ich
traurig, aber nicht verzweifelt,
warum das Innere der Welt ein solch schwarzes
Licht ausstrahlte.

Gondel fahren

Ein Hirsch fährt Gondel.
Er wiegt märchenhaft seine Hornkrone
die von roten Backen
gläsernen Zeptern
5 gereimten Gegenständen
wie ein Weihnachtsbaum überwuchert ist.
Vor ihm in der Gondel
in einem grossen Korb

liegt ein langer schwarzer Bart
10 voll Irrlichter
handlicher Blitze
vierblättriger Windrosen
kleiner Löffel die ihre Zunge rausstrecken.
Leider kann der Hirsch
15 nicht alle seine schönen Dinge
in seiner Hornkrone anbringen.
Sie kann aber immer noch wachsen
und diese Dinge würden dann
darin ihren Platz finden.
20 Nichts anderes verlangt der Hirsch
als ungestört weiter Gondel fahren
und seine raunende Hornkrone
märchenhaft wiegen zu können.

———

YVAN GOLL

Bluthund

Bluthund vor meinem Herzen
Wachend über mein Feuer
Der du dich nährst von bitteren Nieren
In der Vorstadt meines Elends

5 Leck mit der nassen Flamme deiner Zunge
Das Salz meines Schweißes
Den Zucker meines Todes

Bluthund in meinem Fleisch
Fang die Träume die mir entfliegen
10 Bell die weißen Geister an
Bring zurück zu ihrem Pferch
Alle meine Gazellen

Und zerbeiß die Knöchel meines flüchtigen Engels

Salz und Phosphor

Entkümmerte sich nur das Salz
In meinem Aug!
Wer wird das Eisen bergen
Aus meinem Herzbergwerk?

5   Alle meine Metalle
Zersetzen sich in der Erinnerung
Der reine Phosphor tobt sich aus
In meinem Gemüt

Vom schwingenden Achat an meinem Finger
10 Erwarte ich die Hilfe der Gestirne

Die Kastanienhand

Die Kastanienhand ergriff meine erschrockene Hand
Eine Achtfingerhand voll grüner Schwielen
Und offen jeder Vogelangst
Vor sieben Tagen kaum gebildet noch
5   Und meine Fünfzigerhand weiß und weich
Ja eine Fleischhand welche viel gemordet und gewürgt
Keimendes Lächeln oder Heckenrosen
Was wollte plötzlich diese Richterhand von ihr?
Und meine Menschenhand erstarrte
10 Fiel von mir ab

Stunden

Wasserträgerinnen
Hochgeschürzte Töchter
Schreiten schwer herab die Totenstraße
Auf den Köpfen wiegend
5   Einen Krug voll Zeit
Eine Ernte ungepflückter Tropfen
Die schon reifen auf dem Weg hinab

Wasserfälle Flüsse Tränen Nebel Dampf
Immer geheimere Tropfen immer kargere Zeit
10 Schattenträgerinnen
Schon vergangen schon verhangen
Ewigkeit

Feuerharfe

Brennender Dornbusch
Anbruch innerster Verwandlung

Feuerharfe
Meiner frühen Schmerzen

5   Gewicht aus Rauch meines Wunschs
Magre Gluten der Revolten

Rosenbrände meiner Dome
Feuerfester Engel dieser Erde

Aschenrabe
10 Friß die Reste des Vergessens

Vater aller wilden Flammen
Segne deinen Feuersohn

Hiob

I

Mondaxt
Sink in mein Mark

Daß meine Zeder
Morgen den Weg versperre
5   Den feurigen Pferden

Alte Löwen meines Bluts
Rufen umsonst nach Gazellen
Es morschen in meinem Kopf
Wurmstichige Knochen

10 Phosphoreszent
   Hängt mir im Brustkorb
   Das fremde Herz

II

   Verzehre mich, greiser Kalk
   Zerlauge mich, junges Salz
15 Tod ist Freude

   Und nährt mich noch der Fisch
   Des Toten Meeres
   Leuchtend von Jod

   In meinen Geschwüren
20 Pfleg ich die Rosen
   Des Todesfrühlings

   Siebzig Scheunen verbrannt!
   Sieben Söhne verwest!
   Größe der Armut!

25 Letzter Ölbaum
   Aus Asiens Wüste
   Steht mein Gerippe

   Wieso ich noch lebe?
   Unsicherer Gott
30 Dich dir zu beweisen

III

   Letzter Ölbaum, sagst du?
   Doch goldenes Öl
   Enttrieft meinen Zweigen
   Die segnen lernten

35 Im Glashaus meiner Augen
   Reift die tropische Sonne

   Mein Wurzelfuß ist in Marmor gerammt

Höre Israel
Ich bin der Zehnbrotebaum
40 Ich bin das Feuerbuch
Mit den brennenden Buchstaben
Ich bin der dreiarmige Leuchter
Von wissenden Vögeln bewohnt
Mit dem siebenfarbenen Blick

Der Staubbaum

Ein Staubbaum wächst
Ein Staubwald überall wo wir gegangen
Und diese Staubhand weh! rühr sie nicht an!

Rings um uns steigen Türme des Vergessens
5 Türme die nach innen fallen
Aber noch bestrahlt von deinem orangenen Licht!
Ein Staubvogel fliegt auf

Die Sage unsrer Liebe laß ich in Quarz verwahren
Das Gold unsrer Träume in einer Wüste vergraben
10 Der Staubwald wird immer dunkler
Weh! Rühr diese Staubrose nicht an!

====

NELLY SACHS

Die Markthändlerin (B.M.)

Sanfte Tiere zu verkaufen war dein Tun auf einem
Markt auf Erden,
Lockendes sprachst du wie eine Hirtin zu den
Käuferherden.

Umstrahlt von heimkehrenden Fischen im
Tränengloriengewand

Versteckten Füßen der Tauben die geschrieben für
   Engel im Sand.

5 Deine Finger, das blutge Geheimnis berührend und
   abschiedsrot
Nahmen die kleinen Tode hinein in den riesigen
   Tod.

Chor der Geretteten

Wir Geretteten,
Aus deren hohlem Gebein der Tod schon seine
   Flöten schnitt,
An deren Sehnen der Tod schon seinen Bogen strich —
Unsere Leiber klagen noch nach
5 Mit ihrer verstümmelten Musik.
Wir Geretteten,
Immer noch hängen die Schlingen für unsere Hälse
   gedreht
Vor uns in der blauen Luft —
Immer noch füllen sich die Stundenuhren mit
   unserem tropfenden Blut.
10 Wir Geretteten,
Immer noch essen an uns die Würmer der Angst.
Unser Gestirn ist vergraben im Staub.
Wir Geretteten
Bitten euch:
15 Zeigt uns langsam eure Sonne.
Führt uns von Stern zu Stern im Schritt.
Laßt uns das Leben leise wieder lernen.
Es könnte sonst eines Vogels Lied,
Das Füllen des Eimers am Brunnen
20 Unseren schlecht versiegelten Schmerz aufbrechen
   lassen
Und uns wegschäumen —
Wir bitten euch:
Zeigt uns noch nicht einen beißenden Hund —
Es könnte sein, es könnte sein

25 Daß wir zu Staub zerfallen —
Vor euren Augen zerfallen in Staub.
Was hält denn unsere Webe zusammen?
Wir odemlos gewordene,
Deren Seele zu Ihm floh aus der Mitternacht
30 Lange bevor man unseren Leib rettete
In die Arche des Augenblicks.
Wir Geretteten,
Wir drücken eure Hand,
Wir erkennen euer Auge —
35 Aber zusammen hält uns nur noch der Abschied,
Der Abschied im Staub
Hält uns mit euch zusammen.

Auf daß die Verfolgten nicht Verfolger werden

Schritte —
In welchen Grotten der Echos
seid ihr bewahrt,
die ihr den Ohren einst weissagtet
5 kommenden Tod?

Schritte —
Nicht Vogelflug, noch Schau der Eingeweide,
noch der blutschwitzende Mars
gab des Orakels Todesauskunft mehr —
10 nur Schritte —

Schritte —
Urzeitspiel von Henker und Opfer,
Verfolger und Verfolgten,
Jäger und Gejagt —

15 Schritte
die die Zeit reißend machen
die Stunde mit Wölfen behängen,
dem Flüchtling die Flucht auslöschen
im Blute.

20 Schritte
    die Zeit zählend mit Schreien, Seufzern,
    Austritt des Blutes bis es gerinnt,
    Todesschweiss zu Stunden häufend —

    Schritte der Henker
25 über Schritten der Opfer,
    Sekundenzeiger im Gang der Erde,
    von welchem Schwarzmond schrecklich gezogen?

    In der Musik der Sphären
    wo schrillt euer Ton?

Hiob

    O du Windrose der Qualen!
    Von Urzeitstürmen
    in immer andere Richtungen der Unwetter gerissen;
    noch dein Süden heißt Einsamkeit.
5   Wo du stehst, ist der Nabel der Schmerzen.

    Deine Augen sind tief in deinen Schädel gesunken
    wie Höhlentauben in der Nacht
    die der Jäger blind herausholt.
    Deine Stimme ist stumm geworden,
10 denn sie hat zuviel *Warum* gefragt.

    Zu den Würmern und Fischen ist deine Stimme
        eingegangen.
    Hiob, du hast alle Nachtwachen durchweint
    aber einmal wird das Sternbild deines Blutes
    alle aufgehenden Sonnen erbleichen lassen.

    Erde, Planetengreis, du saugst an meinem Fuß,
    der fliegen will,
    o König Lear mit der Einsamkeit im Arme.

Nach innen weinst du mit den Meeresaugen
5 die Leidenstrümmer
in die Seelenwelt.

Auf deiner Silberlocken Jahrmillionen
den Erdrauchkranz, Wahnsinn gestirnt
im Brandgeruch.
10 Und deine Kinder,

die schon deinen Todesschatten werfen,
da du dich drehst und drehst
auf deiner Sternenstelle,
Milchstraßenbettler
15 mit dem Wind als Blindenhund.

In der Flucht
welch großer Empfang
unterwegs —

Eingehüllt
5 in der Winde Tuch
Füße im Gebet des Sandes
der niemals Amen sagen kann
denn er muß
von der Flosse in den Flügel
10 und weiter —

Der kranke Schmetterling
weiß bald wieder vom Meer —
Dieser Stein
mit der Inschrift der Fliege
15 hat sich mir in die Hand gegeben —

An Stelle von Heimat
halte ich die Verwandlungen der Welt —

Die beiden Alten
Hand in Hand sitzend
Zwillingsgestirn
leuchtend noch aus der verbrannten Musik
5 ihrer Vergangenheit
da sie starben als sie liebten —
verhext von der Magie eines schwarzen Prinzen
dieser ausgeschnittenen Silhouette der Nacht
auf der Netzhaut trauernd wie Schlaflosigkeit
10 während ihre Zukunft in Nägeln und Haaren
den Tod überwächst —

═══════

BERTOLT   BRECHT

An meine Landsleute

Ihr, die ihr überlebtet in gestorbenen Städten
Habt doch nun endlich mit euch selbst Erbarmen!
Zieht nun in neue Kriege nicht, ihr Armen
Als ob die alten nicht gelanget hätten:
5 Ich bitt euch, habet mit euch selbst Erbarmen!

Ihr Männer, greift zur Kelle, nicht zum Messer!
Ihr säßet unter Dächern schließlich jetzt
Hättet ihr auf das Messer nicht gesetzt
Und unter Dächern sitzt es sich doch besser.
10 Ich bitt euch, greift zur Kelle, nicht zum Messer!

Ihr Kinder, daß sie euch mit Krieg verschonen
Müsst ihr um Einsicht eure Eltern bitten.
Sagt laut, ihr wollt nicht in Ruinen wohnen
Und nicht das leiden, was sie selber litten:
15 Ihr Kinder, daß sie euch mit Krieg verschonen!

Ihr Mütter, da es euch anheimgegeben
Den Krieg zu dulden oder nicht zu dulden

Ich bitt euch, lasset eure Kinder leben!
Daß sie euch die Geburt und nicht den Tod dann
    schulden:
20 Ihr Mütter, lasset eure Kinder leben!

Wahrnehmung

Als ich wiederkehrte
War mein Haar noch nicht grau
Da war ich froh.

Die Mühen der Gebirge liegen hinter uns
Vor uns liegen die Mühen der Ebenen.

Auf einen chinesischen Theewurzellöwen

Die Schlechten fürchten deine Klaue.
Die Guten freuen sich deiner Grazie.
Derlei
Hörte ich gern
Von meinem Vers.

Der Radwechsel

Ich sitze am Straßenhang.
Der Fahrer wechselt das Rad.
Ich bin nicht gern, wo ich herkomme.
Ich bin nicht gern, wo ich hinfahre.
Warum sehe ich den Radwechsel
Mit Ungeduld?

Vor acht Jahren

Da war eine Zeit
Da war alles hier anders.
Die Metzgerfrau weiß es.
Der Postbote hat einen zu aufrechten Gang.
Und was war der Elektriker?

Die Lösung

Nach dem Aufstand des 17. Juni
Ließ der Sekretär des Schriftstellerverbands
In der Stalinallee Flugblätter verteilen
Auf denen zu lesen war, daß das Volk
5   Das Vertrauen der Regierung verscherzt habe
Und es nur durch verdoppelte Arbeit
Zurückerobern könne. Wäre es da
Nicht doch einfacher, die Regierung
Löste das Volk auf und
10   Wählte ein anderes?

Böser Morgen

Die Silberpappel, eine ortsbekannte Schönheit
Heut eine alte Vettel. Der See
Eine Lache Abwaschwasser, nicht rühren!
Die Fuchsien unter dem Löwenmaul billig und eitel.
5   Warum?
Heut nacht im Traum sah ich Finger, auf mich
      deutend
Wie auf einen Aussätzigen. Sie waren zerarbeitet und
Sie waren gebrochen.

Unwissende! schrie ich
10   Schuldbewußt.

Der Rauch

Das kleine Haus unter Bäumen am See.
Vom Dach steigt Rauch.
Fehlte er
Wie trostlos dann wären
Haus, Bäume und See.

Tannen

In der Frühe
Sind die Tannen kupfern.
So sah ich sie
Vor einem halben Jahrhundert
Vor zwei Weltkriegen
Mit jungen Augen.

Beim Lesen des Horaz

Selbst die Sintflut
Dauerte nicht ewig.
Einmal verrannen
Die schwarzen Gewässer.
Freilich, wie Wenige
Dauerten länger!

Beim Anhören von Versen

Beim Anhören von Versen
Des todessüchtigen Benn
Habe ich auf Arbeitergesichtern einen Ausdruck
  gesehen
Der nicht dem Versbau galt und kostbarer war
Als das Lächeln der Mona Lisa.

Das Gewächshaus

Erschöpft vom Wässern der Obstbäume
Betrat ich neulich das kleine aufgelassene Gewächshaus
Wo im Schatten der brüchigen Leinwand
Die Überreste der seltenen Blumen liegen.

5 Noch steht aus Holz, Tuch und Blechgitter
Die Apparatur, noch hält der Bindfaden

Die bleichen verdursteten Stengel hoch
Vergangener Tage Sorgfalt
Ist noch sichtbar, mancher Handgriff. Am Zeltdach
10 Schwankt der Schatten der billigen Immergrüne
Die vom Regen lebend nicht der Kunst bedürfen.
Wie immer die schönen Empfindlichen
Sind nicht mehr.

Schwierige Zeiten

Stehend an meinem Schreibpult
Sehe ich durchs Fenster im Garten den Holderstrauch
Und erkenne darin etwas Rotes und etwas Schwarzes
Und erinnere mich plötzlich des Holders
5 Meiner Kindheit in Augsburg.
Mehrere Minuten erwäge ich
Ganz ernsthaft, ob ich zum Tisch gehn soll
Meine Brille holen, um wieder
Die schwarzen Beeren an den roten Zweiglein zu sehen.

Die Vögel warten im Winter vor dem Fenster

1

Ich bin der Sperling.
Kinder, ich bin am Ende.
Und ich rief euch immer im vergangnen Jahr
Wenn der Rabe wieder im Salatbeet war.
5 Bitte um eine kleine Spende.
    Sperling, komm nach vorn.
    Sperling, hier ist dein Korn.
    Und besten Dank für die Arbeit!

2

Ich bin der Buntspecht.
10 Kinder, ich bin am Ende.

Und ich hämmere die ganze Sommerzeit
All das Ungeziefer schaffe ich beiseit.
Bitte um eine kleine Spende.
15   Buntspecht, komm nach vurn.
     Buntspecht, hier ist dein Wurm,
     Und besten Dank für die Arbeit!

3

Ich bin die Amsel.
Kinder, ich bin am Ende.
Und ich war es, die den ganzen Sommer lang
20 Früh im Dämmergrau in Nachbars Garten sang.
Bitte um eine kleine Spende.
     Amsel, komm nach vorn.
     Amsel, hier ist dein Korn.
     Und besten Dank für die Arbeit!

———

PETER HUCHEL

Letzte Fahrt

Mein Vater kam im Weidengrau
und schritt hinab zum See,
das Haar gebleicht vom kalten Tau,
die Hände rauh vom Schnee.

5 Er schritt vorbei am Grabgebüsch,
er nahm den Binsenweg.
Hell hinterm Röhricht sprang der Fisch,
das Netz hing naß am Steg.

Sein altes Netz, es hing beschwert,
10 er stieß die Stange ein.
Der schwarze Kahn, von Nacht geteert,
glitt in den See hinein.

Das Wasser seufzte unterm Kiel,
er stakte langsam vor.
15 Ein bleicher Streif vom Himmel fiel
weithin durch Schilf und Rohr.

Die Reuse glänzte unterm Pfahl,
der Hecht schlug hart und laut.
Der letzte Fang war schwarz und kahl,
20 das Netz zerriß im Kraut.

Die nasse Stange auf den Knien,
die Hand vom Staken wund,
er sah die toten Träume ziehn
als Fische auf dem Grund.

25 Er sah hinab an Korb und Schnur,
was grau als Wasser schwand,
sein Traum und auch sein Leben fuhr
durch Binsen hin und Sand.

Die Algen kamen kühl gerauscht,
30 er sprach dem Wind ein Wort.
Der tote Hall, dem niemand lauscht,
sagt es noch immerfort.

Ich lausch dem Hall am Grabgebüsch,
der Tote sitzt am Steg.
35 In meiner Kanne springt der Fisch.
Ich geh den Binsenweg.

Landschaft hinter Warschau

Spitzhackig schlägt der März
Das Eis des Himmels auf.
Es stürzt das Licht aus rissigem Spalt,
Niederbrandend
5 Auf Telegrafendrähte und kahle Chausseen.
Am Mittag nistet es weiß im Röhricht,
Ein großer Vogel.

Spreizt er die Zehen, glänzt hell
Die Schwimmhaut aus dünnem Nebel.

10   Schnell wird es dunkel.
Flacher als ein Hundegaumen
Ist dann der Himmel gewölbt.
Ein Hügel raucht,
Als säßen dort noch immer
15   Die Jäger am nassen Winterfeuer.
Wohin sie gingen?
Die Spur des Hasen im Schnee
Erzählte es einst.

Münze aus Bir El Abbas

Reibe die schartige Münze nicht blank.
Lass es schlafen, das fremde Gesicht,
Unter der grünen Schicht des Metalls
Wie unter dem grünen Wasser
5   Verschlammter Löcher der letzten Oase.

Die Münze klirrt.
Du hörst Getöse der Öde,
Die lange Klage der Karawanen,
Zerfallen zu Staub.
10   Vom Wind gewetzt,
Zerschneidet die Sichel des Sandes
Das Lagerfeuer,
Das schwarze Zelt aus Ziegenhaar,
Der Eselstute Nüster und Huf.

15   Ruhlose Münze,
Von Brunnen zu Brunnen getragen,
Auf schrundigem Rücken dürrer Kamele
Von Markt zu Markt,
Aus schmutzigem Kopftuch der Greisin fallend
20   Ins schmutzige Leder des Fladenhändlers,
Verborgen unter der Achsel des Diebes

Und wieder geworfen aus Räuberhand
Dem Leprakranken in den Napf,
Geschoben auf den dünnen Teppich,
25 Daß vor der Liebe die Ulad noch tanze,
Die über dem starren, gekalkten Gesicht
Den kleinen Mond aus Tierhaut schwingt,
Der dröhnend umkreist den Flötenton.

Ruhlose Münze,
30 Verschenkt und verloren,
Von Fersen getreten, von Zähnen geprüft,
Geschrieben ins Schuldbuch, ins Salz der Tränen,
Wenn unter der Fron der Mahlstein knirschte,
Du Zeuge des Schachers um Amber und Perlen,
35 Dem Richter den Spruch vom Munde nehmend:
Du nur kennst die Wege der Welt.
Du rolltest durch den Hunger des Volks,
Durch Prunk und Aufruhr alter Provinzen,
Durch Stammesfehden und Lachen von Blut,
40 Bis dich die Tatze der Wüste begrub.

Wo Öde wuchert an Wall und Mauer,
Mit stumpfer Hacke die Hitze schlägt,
Lagst du im Purpurschutt aus Scherben,
Dem Schweigen nun auf Zins geliehen —
45 Vom Spaten gehoben,
Das einzige Grün im grellen Sand,
Der Mammon der Toten,
Der nicht zu stillen vermochte
Den nie verlöschenden Durst der Welt.

Chausseen

Erwürgte Abendröte
Stürzender Zeit!
Chausseen. Chausseen.

Kreuzwege der Flucht.
5 Wagenspuren über den Acker,
Der mit den Augen
Erschlagener Pferde
Den brennenden Himmel sah.

Nächte mit Lungen voll Rauch,
10 Mit hartem Atem der Fliehenden,
Wenn Schüsse
Auf die Dämmerung schlugen.

Aus zerbrochenem Tor
Trat lautlos Asche und Wind,
15 Ein Feuer,
Das mürrisch das Dunkel kaute.

Tote,
Über die Gleise geschleudert,
Den erstickten Schrei
20 Wie einen Stein am Gaumen.
Ein schwarzes
Summendes Tuch aus Fliegen
Schloß ihre Wunden.

Bericht des Pfarrers
vom Untergang seiner Gemeinde

Da Christus brennend sank vom Kreuz —
o Todesgrauen!
Es schrien die erzenen Trompeten
Der Engel, fliegend im Feuersturm.
Ziegel wie rote Blätter wehten.
5 Und heulend riß im wankenden Turm
Und Quadern schleudernd das Gemäuer,
Als berste des Erdballs Eisenkern.
O Stadt in Feuer!

O heller Mittag, in Schreie eingeschlossen —
10 Wie glimmendes Heu stob Haar der Frauen.
Und wo sie im Tiefflug auf Fliehende schossen,
Nackt und blutig lag die Erde, der Leib des Herrn.

Nicht war es der Hölle Sturz:
Knochen und Schädel wie gesteinigt
15 In großer Wut, die Staub noch schmolz
Und mit dem erschrockenen Licht vereinigt
Brach Christi Haupt von Holz.
Es schwenkten dröhnend die Geschwader.
Durch roten Himmel flogen sie ab,
20 Als schnitten sie des Mittags Ader.
Ich sah es schwelen, fressen, brennen —
Und aufgewühlt war noch das Grab.
Hier war kein Gesetz! Mein Tag war zu kurz,
Um Gott zu erkennen.

25 Hier war kein Gesetz. Denn wieder warf die Nacht
Aus kalten Himmeln feurige Schlacke.
Und Wind und Qualm. Und Dörfer wie Meiler
      angefacht.
Und Volk und Vieh auf enger Schneise.
Und morgens die Toten der Typhusbaracke,
30 Die ich begrub, von Grauen erfasst —
Hier war kein Gesetz. Es schrieb das Leid
Mit aschiger Schrift: Wer kann bestehn?
Denn nahe war die Zeit.

O öde Stadt, wie war es spät,
35 Es gingen die Kinder, die Greise
Auf staubigen Füßen durch mein Gebet.
Die löchrigen Straßen sah ich sie gehn.
Und wenn sie schwankten unter der Last
Und stürzten mit gefrorener Träne,
40 Nie kam im Nebel der langen Winterchausseen
Ein Simon von Kyrene.

Soldatenfriedhof

Die Luft ist brüchig.
Fünftausend Kreuze
In Reih und Glied,
Streng ausgerichtet
5 Auf Vordermann.

Nach dem Abendappell
Gehen sie in die Stadt.
Sie bevölkern Ruinen
Und schwarze Brücken,
10 Werfen Laub in die Grachten.

Sie besuchen den Dom
Und verdunkeln den Heiland.
Aber es glimmen die silber-
Beschlagenen Ecken des Messbuchs.
15 Und das Stigma der Abendröte
Brennt auf den Dächern.

Als Fensterschatten
Lehnen sie an der Wand der Bar.
Sie hauchen Eis in die Gläser.
20 Sie blicken aus Gitarren
Den Frauen nach.

Kurz vor Mitternacht
Hallt gräberhin
Des Todes Clairon,
25 Das trostlose Trommeln,
Die große Retraite,
Der Zapfenstreich.

In erster Helle
Stehen sie wieder
30 Starr im Geviert.
Fünftausend Kreuze.
Streng ausgerichtet
Auf Vordermann.

An taube Ohren der Geschlechter

Es war ein Land mit hundert Brunnen.
Nehmt für zwei Wochen Wasser mit.
Der Weg ist leer, der Baum verbrannt.
Die Öde saugt den Atem aus.
5 Die Stimme wird zu Sand
Und wirbelt hoch und stützt den Himmel
Mit einer Säule, die zerstäubt.

Nach Meilen noch ein toter Fluss.
Die Tage schweifen durch das Röhricht
10 Und reißen Wolle aus den schwarzen Kerzen.
Und eine Haut aus Grünspan schließt
Das Wasserloch,
Als faule Kupfer dort im Schlamm.

Denk an die Lampe
15 Im golddurchwirkten Zelt des jungen Afrikanus:
Er ließ ihr Öl nicht länger brennen,
Denn Feuer wütete genug,
Die siebzehn Nächte zu erhellen.

Polybios berichtet von den Tränen,
20 Die Scipio verbarg im Rauch der Stadt.
Dann schnitt der Pflug
Durch Asche, Bein und Schutt.
Und der es aufschrieb, gab die Klage
An taube Ohren der Geschlechter.

Winterpsalm

für Hans Mayer

Da ich ging bei träger Kälte des Himmels
Und ging hinab die Straße zum Fluß,
Sah ich die Mulde im Schnee,
Wo nachts der Wind
5 Mit flacher Schulter gelegen.
Seine gebrechliche Stimme,

In den erstarrten Ästen oben,
Stieß sich am Trugbild weißer Luft:
'Alles Verscharrte blickt mich an.
10 Soll ich es heben aus dem Staub
Und zeigen dem Richter? Ich schweige.
Ich will nicht Zeuge sein.'
Sein Flüstern erlosch,
Von keiner Flamme genährt.

15 Wohin du stürzt, o Seele,
Nicht weiß es die Nacht. Denn da ist nichts
Als vieler Wesen stumme Angst.
Der Zeuge tritt hervor. Es ist das Licht.

Ich stand auf der Brücke,
20 Allein vor der trägen Kälte des Himmels.
Atmet noch schwach,
Durch die Kehle des Schilfrohrs,
Der vereiste Fluss?

Ophelia

Später, am Morgen,
Gegen die weiße Dämmerung hin,
Das Waten von Stiefeln
Im seichten Gewässer,
5 Das Stoßen von Stangen,
Ein rauhes Kommando,
Sie heben die schlammige
Stacheldrahtreuse.

Kein Königreich,
10 Ophelia,
Wo ein Schrei
Das Wasser höhlt,
Ein Zauber
Die Kugel
15 Am Weidenblatt zersplittern lässt.

GÜNTER EICH

Inventur

Dies ist meine Mütze,
dies ist mein Mantel,
hier ist mein Rasierzeug
im Beutel aus Leinen.

5   Konservenbüchse:
Mein Teller, mein Becher,
ich hab in das Weißblech
den Namen geritzt.

Geritzt hier mit diesem
10   kostbaren Nagel,
den vor begehrlichen
Augen ich berge.

Im Brotbeutel sind
ein Paar wollene Socken
15   und einiges, was ich
niemand verrate,

so dient es als Kissen
nachts meinem Kopf.
Die Pappe hier liegt
20   zwischen mir und der Erde.

Die Bleistiftmine
lieb ich am meisten:
Tags schreibt sie mir Verse,
die nachts ich erdacht.

25   Dies ist mein Notizbuch,
dies meine Zeltbahn,
dies ist mein Handtuch,
dies ist mein Zwirn.

Abgelegene Gehöfte

Die Hühner und Enten treten
den Hof zu grünlichem Schmutz.
Die Bauern im Hause beten.
Von den Mauern bröckelt der Putz.

5   Der Talgrund zeichnet Mäander
in seine Wiesen hinein.
Die Weide birgt Alexander,
Cäsarn der Brennesselstein.

Auch wo die Spinnen weben,
10   der Spitz die Bettler verbellt,
im Rübenland blieben am Leben
die großen Namen der Welt.

Die Ratten pfeifen im Keller,
ein Vers schwebt im Schmetterlingslicht,
15   die Säfte der Welt treiben schneller,
Rauch steigt wie ein feurig Gedicht.

Ende eines Sommers

Wer möchte leben ohne den Trost der Bäume!

Wie gut, daß sie am Sterben teilhaben!
Die Pfirsiche sind geerntet, die Pflaumen färben sich,
während unter dem Brückenbogen die Zeit rauscht.

5   Dem Vogelzug vertraue ich meine Verzweiflung an.
Er mißt seinen Teil von Ewigkeit gelassen ab.
Seine Strecken
werden sichtbar im Blattwerk als dunkler Zwang,
die Bewegung der Flügel färbt die Früchte.

10   Es heißt Geduld haben.
Bald wird die Vogelschrift entsiegelt,
unter der Zunge ist der Pfennig zu schmecken.

Wo ich wohne

Als ich das Fenster öffnete,
schwammen Fische ins Zimmer,
Heringe. Es schien
eben ein Schwarm vorüberzuziehen.
5 Auch zwischen den Birnbäumen spielten sie.
Die meisten aber
hielten sich noch im Wald,
über den Schonungen und den Kiesgruben.

Sie sind lästig. Lästiger aber sind noch
10 die Matrosen
(auch höhere Ränge, Steuerleute, Kapitäne),
die vielfach ans offene Fenster kommen
und um Feuer bitten für ihren schlechten Tabak.

Ich will ausziehen.

Betrachtet die Fingerspitzen

Betrachtet die Fingerspitzen, ob sie sich schon
    verfärben!

Eines Tages kommt sie wieder, die ausgerottete Pest.
Der Postbote wirft sie als Brief in den rasselnden
    Kasten,
als eine Zuteilung von Heringen liegt sie dir im Teller,
5 die Mutter reicht sie dem Kinde als Brust.

Was tun wir, da niemand mehr lebt von denen,
die mit ihr umzugehen wußten?
Wer mit dem Entsetzlichen gut Freund ist,
kann seinen Besuch in Ruhe erwarten.
10 Wir richten uns immer wieder auf das Glück ein,
aber es sitzt nicht gern auf unseren Sesseln.

Betrachtet die Fingerspitzen! Wenn sie sich schwarz
    färben, ist es zu spät.

Der Mann in der blauen Jacke

Der Mann in der blauen Jacke,
der heimgeht, die Hacke geschultert, —
ich sehe ihn hinter dem Gartenzaun.

So gingen sie abends in Kanaan,
5 so gehen sie heim aus den Reisfeldern von Burma,
den Kartoffeläckern von Mecklenburg,
heim aus Weinbergen Burgunds und kalifornischen
    Gärten.

Wenn die Lampe hinter beschlagenen Scheiben
    aufscheint,
neide ich ihnen ihr Glück, das ich nicht teilen muß,
10 den patriarchalischen Abend
mit Herdrauch, Kinderwäsche, Bescheidenheit.

Der Mann in der blauen Jacke geht heimwärts;
seine Hacke, die er geschultert hat,
gleicht in der sinkenden Dämmerung einem Gewehr.

Nachts

Nachts hören, was nie gehört wurde:
den hundertsten Namen Allahs,
den nicht mehr aufgeschriebenen Paukenton,
als Mozart starb,
5 im Mutterleib vernommene Gespräche.

Ende August

Mit weißen Bäuchen hängen die toten Fische
zwischen Entengrütze und Schilf.
Die Krähen haben Flügel, dem Tod zu entrinnen.
Manchmal weiß ich, daß Gott
5 am meisten sich sorgt um das Dasein der Schnecke.
Er baut ihr ein Haus. Uns aber liebt er nicht.

Eine weiße Staubfahne zieht am Abend der Omnibus,
wenn er die Fußballmannschaft heimfährt.
Der Mond glänzt im Weidengestrüpp,
10   vereint mit dem Abendstern.
Wie nahe bist du, Unsterblichkeit, im
      Fledermausflügel,
im Scheinwerfer-Augenpaar,
das den Hügel herab sich naht.

Brüder Grimm

Brennesselbusch.
Die gebrannten Kinder
warten hinter den Kellerfenstern.
Die Eltern sind fortgegangen,
5   sagten, sie kämen bald.

Erst kam der Wolf,
der die Semmeln brachte,
die Hyäne borgte sich den Spaten aus,
der Skorpion das Fernsehprogramm.

10   Ohne Flammen
brennt draußen der Brennesselbusch.
Lange
bleiben die Eltern aus.

Schluß eines Kriminalromans

Ich behalte die Ratschläge:
Gin mit Tonic
und Vorsicht vor rohem Fisch,
keine Sorge!

5   Aber wer
bedenkt dich auf leeren Seiten,

wer gibt dir Namen
nach dem Impressum,
eine Feuerleiter,
10   ein Lieblingsgift?

Letzte Indizien
Rotweinflecken und Filzschuh.
Aber das Taxi ist bestellt,
mürrisch ticken die Zeilen.

15   Keine Hoffnung
auf römische Ziffern mehr,
keine halbe Seite mit dir,
kein geänderter Text,
keine Fingerabdrücke,
20   die deine sein könnten,
auf meinen Klinken.

Fußnote zu Rom

Ich werfe keine Münze in den Brunnen,
ich will nicht wieder kommen.

Zuviel Abendland,
verdächtig.

5   Zuviel Welt ausgespart.
Keine Möglichkeit
für Steingärten.

———

CHRISTINE LAVANT

Hilf mir, Sonne, denn ich bin fast blind!
Nimm den Teller meiner linken Hand,
zeichne ein das hochgelobte Land

und die Wege, die noch gangbar sind
5   für Erblindete und für Ertaubte.
    Alle Zeichen, denen ich einst glaubte,
    sind schon lange in mir abgeblüht
    und verdorrt samt Wurzelwerk und Samen;
    keines hinterließ mir einen Namen,
10 dem ich folgen könnte durchs Gemüt,
    das sehr steinig wurde und sehr steil.
    Deine Wärme treibt jetzt einen Keil
    in die Adern meiner linken Hand
    bis zum Herzen, das ein wenig bebt.
15 Sonne — bist du sicher, daß es lebt?
    Bist du sicher, daß ich dort das Land
    und den Samen aller Namen finde,
    während ich ertaube und erblinde?

    Die Sterne funkeln voller Zorn,
    habsüchtig sticht der Halbmonddorn
    durch dicken und durch dünnen Schlaf
    und wirft die Träume, die er traf,
5   in seine Hungergrube.
    Ich rede meiner Stube
    begütend zu und leg die Hand
    auf ihre schräge Stirnenwand,
    die sich vor Fürchten feuchtet.
10 Im Fensterspiegel leuchtet
    mein Augenpaar voll wildem Mut,
    da nimmt der Monddorn sich in Hut,
    macht einen jähen Bogen.
    Bald schläft die Stube wieder ein,
15 ich spüre ihr Geborgensein
    und fühle mich betrogen.
    Die Sterne flüchten ohne Kampf,
    mein Hochmut trifft ins Leere,
    die Abwehrfinger biegt ein Krampf
20 zur Vaterunser-Beere.

Die Stadt ist oben auferbaut
voll Türmen ohne Hähne;
die Närrin hockt im Knabenkraut,
strickt von der Unglückssträhne
5   ein Hochzeitskleid, ein Sterbehemd
und alles schaut sie an so fremd,
als wär sie ungeboren.
Sie hat den Geist verloren,
er grast als schwarz und weißes Lamm
10 mit einem roten Hahnenkamm
hinauf zur hochgebauten Stadt,
weil er den harten Auftrag hat,
dort oben aufzuwachen.
Der Närrin leises Lachen
15 rollt abwärts durch das Knabenkraut
als Ein-Aug, das querüber schaut
teils nach dem Tod, teils nach dem Lamm,
dem schwarz und weißen Bräutigam
in feuerroter Haube.
30 Ihr Herz keucht innen rund herum
und biegt das Schwert des Elends krumm
und nennt es seine Taube.

Im Lauchbeet hockt die Wurzelfrau,
zählt Zwiebelchen und Zehen.
Was wird mit mir geschehen?
Sie nimmt es so genau.

5   Ich bringe meinen Kopf nicht mehr
aus den verhexten Latten.
Nun zählt sie schon die Schatten
und schielt verdächtig her.

He! — sagt sie — da ist noch was frei,
10 mit Erde muss man sparen! —
und zerrt mich an den Haaren,
ich wage keinen Schrei.

So unter Zwiebelchen und Lauch
bin ich nun eingegraben,
15 die mich gesättigt haben,
vertrösten mich nun auch.

Sie teilen mit mir Tag und Tau
und Saft und Kraft der Erde,
daß ich ein Rüblein werde
20 im Beet der Wurzelfrau.

Kreuzzertretung! — Eine Hündin heult
sieben Laute, ohne zu vergeben,
abgestiegen in die Hundehölle
wird ihr Schatten noch den Wurf verwerfen.

5 Oben bleibt der Vorhang ohne Riß,
nichts zerreißt um einer Hündin willen,
und der Herr — er ließ sich stellvertreten —
sitzt versponnen bei den ganz Vertrauten.

Auch die Toten durften nicht herauf!
10 Vater, Mutter, — keines war am Hügel
und die Sonne hat sich bloß verfinstert
in zwei aufgebrochnen Augensternen.

Von der Erde bebte kaum ein Staub,
nur ein wenig sank die Stelle tiefer,
15 wo der Balg, dem man das Kreuz zertreten,
sich noch einmal nach dem Himmel bäumte.

Der Kadaver — da ihn niemand barg —
kraft der Schande ist er auferstanden,
um sich selbst in das Gewölb zu schleppen,
20 wo Gottvater wie ein Werwolf haust.

Unter verdorrenden Apfelbäumen
reden die Seelen der Bettler
von Brot, das nie ausgeht,

und von der verheißenen Wohnung
5   im Hause des Vaters.

Heilig singen die Unheilbaren
die hohe lebendige Blume an,
und taubstumme Kinder erlernen
die Sprache von Wurzeln und Steinen.
10   Unfruchtbare berühren sich zart,
sagen einander: Du, sei gegrüßt
und glorreich sei dein verlassenes Herz
in der Angst deiner Jahre.

Unter verdorrenden Apfelbäumen
15   schütten die Ausgesonderten alle
ihr Heimweh bis zu den Quellen hinab
und ernähren die Erde.

Fragt nicht, was die Nacht durchschneidet,
denn es ist ja meine Nacht
und mein großer Pfauenschrei
und ganz innen drin die Zunge
5   mit der Botschaft nur für mich.
Selbst wenn morgen dann die Sonne
ganz erschöpft und fast verwachsen
mit der Fegefeuerknospe
rasten will, wird sie vertrieben —
10   denn es ist ja meine Knospe
auf dem Rücken meines Steines
und für meine nächste Nacht.

Auf der elften Fichtenstufe
hockt der Mond.
Ihre ausgetretnen Augen
leckt er, bis sie leuchten.
5   Unterhalb die Rübenbäuche

werden blau und rot.
Frost kommt überm Hang herunter,
glitzert deine Fußspur an.
Auf der ersten Fichtenstufe
10 dreht mein Herz sich um.
Denn der Mond und deine Fußspur
sind verwunschen worden.
Blaugefrorne Rübenbäuche
machen freundlich Platz.

―――――――

JOHANNES BOBROWSKI

Pruzzische Elegie

Dir
ein Lied zu singen,
hell von zorniger Liebe —
dunkel aber, von Klage
5   bitter, wie Wiesenkräuter
naß, wie am Küstenhang die
kahlen Kiefern, ächzend
unter dem falben Frühwind,
brennend vor Abend —

10 deinen nie besungenen
Untergang, der uns ins Blut schlug
einst, als die Tage alle
vollhingen noch von den erhellten
Kinderspielen, traumweiten —

15 damals in Wäldern der Heimat
über des grünen Meeres
schaumigen Anprall, wo uns
rauchender Opferhaine

Schauer befiel, vor Steinen,
20 bei lange eingesunkenen
Gräberhügeln, verwachsnen
Burgwällen, unter der Linde,
nieder vor Alter, leicht —

wie hing Gerücht im Geäst ihr!
25 So in der Greisinnen Lieder
tönt noch,
kaum mehr zu deuten,
Anruf der Vorzeit —
wie vernahmen wir da
30 modernden, trüb verfärbten
Nachhalls Rest!
So von tiefen
Glocken bleibt, die zersprungen,
Schellengeklingel —

35 Volk
der schwarzen Wälder,
schwer andringender Flüsse,
kahler Haffe, des Meers!
Volk
40 der nächtigen Jagd,
der Herden und Sommergefilde!
Volk
Perkuns und Pikolls,
der ährenumkränzten Patrimpe!
45 Volk
wie keines, der Freude!
wie keines, keines! des Todes —

Volk
der schwelenden Haine,
50 der brennenden Hütten, zerstampfter
Saaten, geröteter Ströme —
Volk
geopfert dem sengenden

Blitzschlag; dein Schreien verhängt vom
55 Flammengewölke —
Volk,
vor des fremden Gottes
Mutter im röchelnden Springtanz
stürzend —
60 wie vor ihrer erzenen
Heermacht sie schreitet, aufsteigend
über dem Wald! wie des Sohnes
Galgen ihr nachfolgt! —

Namen reden von dir,
65 zertretenes Volk, Berghänge,
Flüsse, glanzlos noch oft,
Steine und Wege —
Lieder abends und Sagen,
das Rascheln der Eidechsen nennt dich
70 und, wie Wasser im Moor,
heut ein Gesang, vor Klage
arm —

arm wie des Fischers Netzzug,
jenes weißhaarigen, ew'gen
75 am Haff, wenn die Sonne
herabkommt.

Kindheit

Da hab ich
den Pirol geliebt —
das Glockenklingen, droben
aufscholls, niedersanks
5 durch das Laubgehäus,

wenn wir hockten am Waldrand,
auf einen Grashalm reihten
rote Beeren; mit seinem

Wägelchen zog der graue
10 Jude vorbei.

Mittags dann in der Erlen
Schwarzschatten standen die Tiere,
peitschten zornigen Schwanzschlags
die Fliegen davon.

15 Dann fiel die strömende, breite
Regenflut aus dem offenen
Himmel; nach allem Dunkel
schmeckten die Tropfen,
wie Erde.

20 Oder die Burschen kamen
den Uferpfad her mit den Pferden,
auf den glänzenden braunen
Rücken ritten sie lachend
über die Tiefe.

25 Hinter dem Zaun
wölkte Bienengetön.
Später, durchs Dornicht am Schilfsee,
fuhr die Silberrassel
der Angst.
30 Es verwuchs, eine Hecke,
Düsternis Fenster und Tür.

Da sang die Alte in ihrer
duftenden Kammer. Die Lampe
summte. Es traten die Männer
35 herein, sie riefen den Hunden
über die Schulter zu.

Nacht, lang verzweigt im Schweigen —
Zeit, entgleitender, bittrer
von Vers zu Vers während:
40 Kindheit —
da hab ich den Pirol geliebt —

Die Frauen der Nehrungsfischer

Wo das Haff
um den Strand lag
dunkel, unter der Nacht noch,
standen sie auf im klirrenden
5   Hafer. Draußen die Boote
sahen sie, weit.

Wenn sie kamen — die Alten
wachten am Ruder, die Söhne,
wirr vor Schlaf, in den Armen
10   des Netzzugs Last — ,
ging durch den Himmel ein heller
Streif und hing um die Dächer.
Droben
wenige Rufe
15   trieben im Wind.

Und gering war der Fang.
Vor Zeiten, sagt man, umglänzte
hundertschwärmig der Hering
draußen die Meerbucht, silbern
20   schwand er. Die Närrin
schreit es am Waldrand hin, —
altes Lied, Gewitter
reißts aus der Bläue.

Wagenfahrt

Schöner Mond von Mariampol! Auf deinem
strohernen Rand, mein Städtchen,
hinter den Buden
kommt er herauf,
5   schwer, und hängt ein wenig
nach unten durch. So geht der
Pferdehändler, er kauft
seiner Mutter ein Fransentuch.

Abends
10   spät
sangen die beiden. Wir fuhren
über den Fluß nach Haus,
an der Fähre mit Ruf und Zuruf
ging Gerede wie Wasser
15   leicht — und wir hörten ihn lang
über der Stadt,
droben in Türmen, hörten
den jüdischen Mond. Der ist
wie im Gartenwinkel das kleine
20   Kraut aus Tränen und Küssen,
Raute, unsere Mädchen
brechen es ab.

— — —

Joneleit, komm, verlier dein
Tuch nicht. Die Alten schlafen.
25   Ausgesungen wieder
ist eine Nacht.

Hölderlin in Tübingen

Bäume irdisch, und Licht,
darin der Kahn steht, gerufen,
die Ruderstange gegen das Ufer, die schöne
Neigung, vor dieser Tür
5   ging der Schatten, der ist
gefallen auf einen Fluß
Neckar, der grün war, Neckar,
hinausgegangen
um Wiesen und Uferweiden.

10   Turm,
daß er bewohnbar
sei wie ein Tag, der Mauern
Schwere, die Schwere
gegen das Grün,

15 Bäume und Wasser, zu wiegen
    beides in einer Hand:
    es läutet die Glocke herab
    über die Dächer, die Uhr
    rührt sich zum Drehn
20 der eisernen Fahnen.

Bericht

    Bajla Gelblung,
    entflohen in Warschau
    einem Transport aus dem Ghetto,
    das Mädchen
5   ist gegangen durch Wälder,
    bewaffnet, die Partisanin
    wurde ergriffen
    in Brest-Litowsk,
    trug einen Militärmantel (polnisch)
10 wurde verhört von deutschen
    Offizieren, es gibt
    ein Foto, die Offiziere sind junge
    Leute, tadellos uniformiert,
    mit tadellosen Gesichtern,
15 ihre Haltung
    ist einwandfrei.

Dorfmusik

    Letztes Boot darin ich fahr
    keinen Hut mehr auf dem Haar
    in vier Eichenbrettern weiß
    mit der Handvoll Rautenreis
5   meine Freunde gehn umher
            einer bläst auf der Trompete
            einer bläst auf der Posaune

Boot werd mir nicht überschwer
hör die andern reden laut:
10 dieser hat auf Sand gebaut

Ruft vom Brunnenbaum die Krähe
von dem ästelosen: wehe
von dem kahlen ohne Rinde:
nehmt ihm ab das Angebinde
15 nehmt ihm fort den Rautenast
    doch es schallet die Trompete
    doch es schallet die Posaune
keiner hat mich angefaßt
alle sagen: aus der Zeit
20 fährt er und er hats nicht weit

Also weiß ichs und ich fahr
keinen Hut mehr auf dem Haar
Mondenlicht um Brau und Bart
abgelebt zuendgenarrt
25 lausch auch einmal in die Höhe
    denn es tönet die Trompete
    denn es tönet die Posaune
und von weitem ruft die Krähe
ich bin wo ich bin: im Sand
mit der Raute in der Hand

Im Strom

Mit den Flößen hinab
im helleren Grau des fremden
Ufers, einem
Glanz, der zurücktritt, dem Grau
5 schräger Flächen, aus Spiegeln
beschoß uns das Licht.

Es lag des Täufers Haupt
auf der zerrissenen Schläfe,
in das verschnittene Haar

10 eine Hand mit bläulichen, losen
    Nägeln gekrallt.

    Als ich dich liebte, unruhig
    dein Herz, die Speise auf schlagendem
    Feuer, der Mund, der sich öffnete,
15 offen, der Strom
    war ein Regen und flog
    mit den Reihern, Blätter
    fielen und füllten sein Bett.

    Wir beugten uns über erstarrte
20 Fische, mit Schuppen bekleidet
    trat der Grille Gesang
    über den Sand, aus den Lauben
    des Ufers, wir waren gekommen
    einzuschlafen, Niemand
25 umschritt das Lager, Niemand
    löschte die Spiegel, Niemand
    wird uns wecken
    zu unserer Zeit.

Sprache

    Der Baum
    größer als die Nacht
    mit dem Atem der Talseen
    mit dem Geflüster über
5   der Stille

    Die Steine
    unter dem Fuß
    die leuchtenden Adern
    lange im Staub
10 für ewig

Sprache
abgehetzt
mit dem müden Mund
auf dem endlosen Weg
15 zum Hause des Nachbarn

Das Wort Mensch

Das Wort Mensch, als Vokabel
eingeordnet, wohin sie gehört,
im Duden:
zwischen Mensa und Menschengedenken.

5 Die Stadt
alt und neu,
schön belebt, mit Bäumen
auch
und Fahrzeugen, hier

10 hör ich das Wort, die Vokabel
hör ich hier häufig, ich kann
aufzählen von wem, ich kann
anfangen damit.

Wo Liebe nicht ist,
15 sprich das Wort nicht aus.

———

PAUL CELAN

Espenbaum, dein Laub blickt weiß ins Dunkel.
Meiner Mutter Haar ward nimmer weiß.

Löwenzahn, so grün ist die Ukraine.
Meine blonde Mutter kam nicht heim.

5 Regenwolke, säumst du an den Brunnen?
Meine leise Mutter weint für alle.

Runder Stern, du schlingst die goldne Schleife.
Meiner Mutter Herz ward wund von Blei.

Eichne Tür, wer hob dich aus den Angeln?
10   Meine sanfte Mutter kann nicht kommen.

Todesfuge

Schwarze Milch der Frühe wir trinken sie abends
wir trinken sie mittags und morgens wir trinken sie
   nachts
wir trinken und trinken
wir schaufeln ein Grab in den Lüften da liegt man
   nicht eng
5   Ein Mann wohnt im Haus der spielt mit den
   Schlangen der schreibt
der schreibt wenn es dunkelt nach Deutschland dein
   goldenes Haar Margarete
er schreibt es und tritt vor das Haus und es blitzen
   die Sterne er pfeift seine Rüden herbei
er pfeift seine Juden hervor lässt schaufeln ein Grab
   in der Erde
er befiehlt uns spielt auf nun zum Tanz

10   Schwarze Milch der Frühe wir trinken dich nachts
wir trinken dich morgens und mittags wir trinken
   dich abends
wir trinken und trinken
Ein Mann wohnt im Haus und spielt mit den
   Schlangen der schreibt
der schreibt wenn es dunkelt nach Deutschland
   dein goldenes Haar Margarete
15   Dein aschenes Haar Sulamith wir schaufeln ein
   Grab in den Lüften da liegt man nicht eng
Er ruft stecht tiefer ins Erdreich ihr einen ihr andern
   singet und spielt

er greift nach dem Eisen im Gurt er schwingts seine
    Augen sind blau
stecht tiefer die Spaten ihr einen ihr andern spielt
    weiter zum Tanz auf

Schwarze Milch der Frühe wir trinken dich nachts
20   wir trinken dich mittags und morgens wir trinken
    dich abends

wir trinken und trinken
ein Mann wohnt im Haus dein goldenes Haar
    Margarete
dein aschenes Haar Sulamith er spielt mit den
    Schlangen

Er ruft spielt süßer den Tod der Tod ist ein
    Meister aus Deutschland
25   er ruft streicht dunkler die Geigen dann steigt ihr als
    Rauch in die Luft
dann habt ihr ein Grab in den Wolken da liegt man
    nicht eng
Schwarze Milch der Frühe wir trinken dich nachts
wir trinken dich mittags der Tod ist ein Meister aus
    Deutschland
wir trinken dich abends und morgens wir trinken und
    trinken
30   der Tod ist ein Meister aus Deutschland sein Auge ist
    blau
er trifft dich mit bleierner Kugel er trifft dich genau
ein Mann wohnt im Haus dein goldenes Haar
    Margarete
er hetzt seine Rüden auf uns er schenkt uns ein Grab
    in der Luft
er spielt mit den Schlangen und träumet der Tod ist ein
    Meister aus Deutschland
35   dein goldenes Haar Margarete
dein aschenes Haar Sulamith

Die Krüge

An den langen Tischen der Zeit
zechen die Krüge Gottes.
Sie trinken die Augen der Sehenden leer und die
    Augen der Blinden,
die Herzen der waltenden Schatten,
5   die hohle Wange des Abends.
Sie sind die gewaltigsten Zecher:
sie führen das Leere zum Mund wie das Volle
und schäumen nicht über wie du oder ich.

Abend der Worte

Abend der Worte — Rutengänger im Stillen!
Ein Schritt und noch einer,
ein dritter, des Spur
dein Schatten nicht tilgt:

5   die Narbe der Zeit
tut sich auf
und setzt das Land unter Blut —
Die Doggen der Wortnacht, die Doggen
schlagen nun an
10 mitten in dir:
sie feiern den wilderen Durst,
den wilderen Hunger . . .

Ein letzter Mond springt dir bei:
einen langen silbernen Knochen
15 — nackt wie der Weg, den du kamst —
wirft er unter die Meute,
doch rettets dich nicht:
der Strahl, den du wecktest,
schäumt näher heran,
20 und obenauf schwimmt eine Frucht,
in die du vor Jahren gebissen.

Tenebrae

Nah sind wir, Herr,
nahe und greifbar.

Gegriffen schon, Herr,
ineinander verkrallt, als wär
5 der Leib eines jeden von uns
dein Leib, Herr.

Bete, Herr,
bete zu uns,
wir sind nah.

10 Windschief gingen wir hin,
gingen wir hin, uns zu bücken
nach Mulde und Maar.

Zur Tränke gingen wir, Herr.
Es war Blut, es war,
15 was du vergossen, Herr.

Es glänzte.

Es warf uns dein Bild in die Augen, Herr.
Augen und Mund stehn so offen und leer, Herr.

Wir haben getrunken, Herr.
20 Das Blut und das Bild, das im Blut war, Herr.

Bete, Herr.
Wir sind nah.

Psalm

Niemand knetet uns wieder aus Erde und Lehm,
niemand bespricht unsern Staub.
Niemand.

Gelobt seist du, Niemand.
5 Dir zulieb wollen
wir blühn.

Dir
entgegen.

Ein Nichts
10   waren wir, sind wir, werden
wir bleiben, blühend:
die Nichts-, die
Niemandsrose.

Mit
15   dem Griffel seelenhell,
dem Staubfaden himmelswüst,
der Krone rot
vom Purpurwort, das wir sangen
über, o über
20   dem Dorn.

Tübingen, Jänner

Zur Blindheit über-
redete Augen.
Ihre — 'ein
Rätsel ist Rein-
5   entsprungenes' — , ihre
Erinnerung an
schwimmende Hölderlintürme, möwen-
umschwirrt.

Besuche ertrunkener Schreiner bei
10   diesen
tauchenden Worten:

Käme,
käme ein Mensch,
käme ein Mensch zur Welt, heute, mit
15   dem Lichtbart der
Patriarchen: er dürfte,
spräch er von dieser

Zeit, er
dürfte
20 nur lallen und lallen,
immer-, immer-
zuzu.
('Pallaksch. Pallaksch.')

Hawdalah

An dem einen, dem
einzigen
Faden, an ihm
spinnst du — von ihm
5 Umsponnener, ins
Freie, dahin,
ins Gebundne.

Groß
stehn die Spindeln
10 ins Unland, die Bäume: es ist,
von unten her, ein
Licht geknüpft in die Luft-
matte, auf der du den Tisch deckst, den leeren
Stühlen und ihrem
15 Sabbatglanz zu —

zu Ehren.

Fadensonnen
über der grauschwarzen Ödnis.
Ein baum-
hoher Gedanke
5 greift sich den Lichtton: es sind
noch Lieder zu singen jenseits
der Menschen.

Ein Dröhnen: es ist
die Wahrheit selbst
unter die Menschen
getreten,
5   mitten ins
Metapherngestöber.

Einmal,
da hörte ich ihn,
da wusch er die Welt,
ungesehn, nachtlang,
5   wirklich.

Eins und Unendlich,
vernichtet,
ichten.

Licht war. Rettung.

———————

HELMUT HEISSENBÜTTEL

Kombination XI

1.

Die Nacht ist ein Muster aus Bogenlampen und
   Autorücklichtern.
Auf der reglosen Fläche der Alster stehen die weißen
   Fahnen der Nacht.
Unter den Bäumen gehen die Schatten.
Ich bins.

2.

5   Dunkelkammergespräche.
Dunkelkammergedächtnis.

Schattengitter über dem schmelzenden Eis.
Auf Spiegelstelzen stehen die Lichter am Ufer.
Die unbelichteten Stellen verblühn.

3.
10 All diese Sätze.
Das Inventar der Gelegenheiten.
Vergiß nicht.
Gerede von Schallplatten.
Das Gedächtnis von Tonfilmstreifen die abgespielt
    sind.

4.
15 Und die Fragen sind die Sätze die ich nicht
    aussprechen kann.
Und die Gedanken sind die Vögel die wegfliegen
    und nicht wiederkommen.

Einfache Sätze

während ich stehe fällt der Schatten hin
Morgensonne entwirft die erste Zeichnung
Blühn ist ein tödliches Geschäft
ich habe mich einverstanden erklärt
5 ich lebe

Heimweh

nach den Wolken über dem Garten in Papenburg
nach dem kleinen Jugen der ich gewesen bin
nach den schwarzen Torfschuppen im Moor
nach dem Geruch der Landstrassen als ich 17 war
5 nach dem Geruch der Kommißspinde als ich Soldat
    war
nach der Fahrt mit meiner Mutter in die Stadt Leer
nach den Frühlingsnachmittagen auf den
    Bahnsteigen der Kleinstädte

nach den Spaziergängen mit Lilo Ahlendorf in
Dresden
nach dem Himmel eines Schneetags im November
10 nach dem Gesicht Jeanne d'Arcs in dem Film von
Dreyer
nach den umgeschlagenen Kalenderblättern
nach dem Geschrei der Möwen
nach den schlaflosen Nächten
nach den Geräuschen der schlaflosen Nächte

15 nach den Geräuschen der schlaflosen Nächte

Interieur

Hüte Picassophotos Bücherstapel
Papierblumen von den Festen der letzten Jahre
Kaurimuscheln chinesische Knöpfe eine Eidechse
aus Bronze
der Kalender mit dem Datum vergangener Tage
5 Würfelbecher und Patiencekarten
abgelagert von den Jahren
abgelagert von den Jahren die ich gewesen bin

Pamphlet
X (aus Zeitungen)

Anerkennungsmöglichkeit dürfte beweisbar sein
einhellige Anerkennung wäre eine Position
überhaupt wenn ja unter allen Umständen
Umstände die zur Folge haben
5 dergestalt
die bestmöglichen Diesbezüglichkeiten
in gewisser Hinsicht handelt es sich um ständig
steigende Möglichkeiten
in gewisser Hinsicht wäre eine aussichtslose Position
eine Möglichkeit

das Sagbare sagen
das Erfahrbare erfahren
das Entscheidbare entscheiden
das Erreichbare erreichen
5   das Wiederholbare wiederholen
das Beendbare beenden

das nicht Sagbare
das nicht Erfahrbare
das nicht Entscheidbare
10 das nicht Erreichbare
das nicht Wiederholbare
das nicht Beendbare

das nicht Beendbare nicht beenden

Lehrgedicht über Geschichte 1954

('mit Mann und Ross und Wagen
hat sie der Herr geschlagen')
die Ereignisse und das nicht Ereignete
Epochen Zeiteinteilungen Dynastien
5 ausgestorbene Städte ausgestorbene Völker Völker
auf dem Marsch Marschkolonnen und Napoleon
an der Beresina
Kanzelreliefs von Giovanni Pisano Nietzsches ECCE
HOMO and K.Z.s
l'empire de la majorité se fonde sur cette idée qu'il
y a plus de sagesse dans beaucoup d'hommes
que dans un seul (Tocqueville)
die Erinnerung an die Stimme Adolf Hitlers im Radio
Symphonie für 9 Instrumente opus 21 1928 von
Anton Webern und ich habe niemals vorher so
lange Zeilen gemacht
Piero della Francesca und der Rauch des
Dezemberhimmels
10 Rekapitulierbares

Rekapitulierbares dies ist mein Thema
Rekapitulierbares dies ist mein Thema
Rekapitulierbares dies ist mein Thema

nicht Rekapitulierbares

Katalog der Unbelehrbaren

es gibt Unbelehrbare die glauben daß alles
wiederkommt
es gibt Unbelehrbare die wissen daß nichts
wiederkommt aber sie tun so als ob
es gibt Unbelehrbare die wissen daß nichts
wiederkommt sie tun so als ob und versuchen das
weiterzuerzählen
es gibt Unbelehrbare die wissen daß nichts
wiederkommt und sie tun auch nicht so als ob aber
sie haben nicht kapiert was los ist
5   es gibt Unbelehrbare die haben kapiert was los ist
aber sie glauben daß alles wiederkommt und sie es
noch einmal schaffen
es gibt Unbelehrbare die haben kapiert was los
ist und glauben kapiert zu haben daß es wiederkommt
wenn auch nicht so wie damals
es gibt Unbelehrbare die haben kapiert was los
ist aber sie glauben nicht an das was sie kapiert haben
und glauben daß alles sich verändert
es gibt Unbelehrbare die wissen daß nichts
wiederkommt und haben kapiert was los ist und
könnens doch nicht nachlassen und versuchens
nochmal
es gibt Unbelehrbare die wissen daß nichts
wiederkommt und haben kapiert was los ist und
könnens doch nicht nachlassen und räsonnieren
herum
10   es gibt Unbelehrbare die tun als ob nichts passiert
ist und leben herrlich und in Freuden

es gibt Unbelehrbare die tun als ob nichts passiert
ist und haben kapiert was los ist und machen wieder
was sie wollen
    es gibt Unbelehrbare die tun als ob nichts passiert
ist und haben kapiert was los ist und wissen das nichts
wiederkommt und machen wieder was sie wollen
    überlebende Unbelehrbare

———

ERNST JANDL

die zeit vergeht

lustig
luslustigtig
lusluslustigtigtig
lusluslustigtigtigtig
lusluslusluslustigtigtigtigtig
lusluslusluslustigtigtigtigtigtig
lusluslusluslusluslustigtigtigtigtigtigtig
lusluslusluslusluslustigtigtigtigtigtigtigtig

oberflächenübersetzung

mai hart lieb zapfen eibe hold
er renn bohr in sees kai
so was sieht wenn mai läuft begehen
so es sieht nahe emma mähen
so biet wenn ärschel grollt
ohr leck mit ei!
seht steil dies fader rosse mähen
in teig kurt wisch mai desto bier
baum deutsche deutsch bajonett schur alp eiertier

Ernst Jandl

(surface translation — after William Wordsworth)

my heart leaps up when i behold
a rainbow in the sky
so was it when my life began
so it is now i am a man
so be it when i shall grow old
or let me die!
the child is father of the man
and i could wish my days to be
bound each to each by natural piety

ode auf N

lepn
nepl
lepn
nepl
lepn
nepl
o lepn
o nepl
nnnnnnnn
lopn
paa
lopn
paa
o nepl
o lepn
plllllll
lepn
plllllll
lepn
plllllll
nepl
lepn

plllllll
lopn
paa
noo
paa
noo
papaa
noo
nonoo
nononoo
nonononoo
paa
pl
paa
pl
pl pl
ononn
ononnn
onononn
ononononn
lepn
eoooo
lepn
eoooo
nepl
ananann
nepl
anananann
eoooo
eoooo
lepn
eoooo
lepn
lepn
eoooo
eoooo
eooooooo
nnnnnnnnnnnnn

plllllllllll
pl
na
naaa
naaaaaaa
naaaaaaaaaaaa
naaaaaaaaaaaa
naaaaaaaaaaaa
pooleon
pooleon
poleeeon
pooleon
poleeeon
naaaaaaaaaaaa
pooleon
poleeeon
naaaaaaaaaaaa
poleeeon
poleeeon
naaaaaaaaaaaa
pooleon
poleooooon
pooleon
poleooooon
naaaaaaaaaaaa
nanaa
nanaa
nananaa
nanananaa
naaaaaaaaaaaa
poleooooon
naaaaaaaaaaaa
pooleon
pooleon
poleeeon
poleeeon
poleeeon

poleooon
poleooon
ooooon
ooooon
ooooon
lllllllllllllllllllllllllllllllll

schtzngrmm
schtzngrmm
t-t-t-t
t-t-t-t
grrrmmmmm
t-t-t-t
s-------c-------h
tzngrmm
tzngrmm
tzngrmm
grrrmmmmm
schtzn
schtzn
t-t-t-t
t-t-t-t
schtzngrmm
schtzngrmm
tsssssssssssssssssssss
grrt
grrrrrt
grrrrrrrrrt
scht
scht
t-t-t-t-t-t-t-t-t
scht
tzngrmm
tzngrmm
t-t-t-t-t-t-t-t-t

scht
scht
scht
scht
scht
grrrrrrrrrrrrrrrrrrrrrrrrrrrrrrrrrrr
t-tt

fragment

wenn die rett
es wird bal
übermor
bis die atombo
ja herr pfa

viel
vieh
o
so
viel
vieh
so
o
so
vieh
sophie
o
sophie
so
solo
sophie
solo
so
o
so

solo
sophie
o
so
viel
vieh
sophie
o
so
solo
sophie
o
so
viel
sophie
so
viel
vieh
o
sophie
so
viel
o
sophie
o
so
viel
vieh
o
sophie
so
viel
o
sophie
so
viel

o
sophie
so
viel
vieh
o
sophie
o
so
viel
o
sophie
viel
o
sophie
viel
o
o
sophie

═══════

INGEBORG BACHMANN

Alle Tage

Der Krieg wird nicht mehr erklärt,
sondern fortgesetzt. Das Unerhörte
ist alltäglich geworden. Der Held
bleibt den Kämpfen fern. Der Schwache
5   ist in die Feuerzonen gerückt.
Die Uniform des Tages ist die Geduld,
die Auszeichnung der armselige Stern
der Hoffnung über dem Herzen.

Er wird verliehen,
10   wenn nichts mehr geschieht,

wenn das Trommelfeuer verstummt,
wenn der Feind unsichtbar geworden ist
und der Schatten ewiger Rüstung
den Himmel bedeckt.

15 Er wird verliehen
für die Flucht von den Fahnen,
für die Tapferkeit vor dem Freund,
für den Verrat unwürdiger Geheimnisse
und die Nichtachtung
20 jeglichen Befehls.

Früher Mittag

Still grünt die Linde im eröffneten Sommer,
weit aus den Städten gerückt, flirrt
der mattglänzende Tagmond. Schon ist Mittag,
schon regt sich im Brunnen der Strahl,
5 schon hebt sich unter den Scherben
des Märchenvogels geschundener Flügel,
und die vom Steinwurf enstellte Hand
sinkt ins erwachende Korn.

Wo Deutschlands Himmel die Erde schwärzt,
10 sucht sein enthaupteter Engel ein Grab für den Haß
und reicht dir die Schüssel des Herzens.

Eine Handvoll Schmerz verliert sich über den Hügel.

Sieben Jahre später
fällt es dir wieder ein,
15 am Brunnen vor dem Tore,
blick nicht zu tief hinein,
die Augen gehen dir über.

Sieben Jahre später,
in einem Totenhaus,
20 trinken die Henker von gestern
den goldenen Becher aus.
Die Augen täten dir sinken.

Schon ist Mittag, in der Asche
krümmt sich das Eisen, auf den Dorn
25 ist die Fahne gehißt, und auf den Felsen
uralten Traums bleibt fortan
der Adler geschmiedet.

Nur die Hoffnung kauert erblindet im Licht.

Lös ihr die Fessel, führ sie
30 die Halde herab, leg ihr
die Hand auf das Aug, daß sie
kein Schatten versengt!

Wo Deutschlands Erde den Himmel schwärzt,
sucht die Wolke nach Worten und füllt den Krater
    mit Schweigen,
35 eh sie der Sommer im schütteren Regen vernimmt.

Das Unsägliche geht, leise gesagt, übers Land:
schon ist Mittag.

Das Spiel ist aus

Mein lieber Bruder, wann bauen wir uns ein Floß
und fahren den Himmel hinunter?
Mein lieber Bruder, bald ist die Fracht zu groß
und wir gehen unter.

5 Mein lieber Bruder, wir zeichnen aufs Papier
viele Länder und Schienen.
Gib acht, vor den schwarzen Linien hier
fliegst du hoch mit den Minen.

Mein lieber Bruder, dann will ich an den Pfahl
10 gebunden sein und schreien.
Doch du reitest schon aus dem Totental
und wir fliehen zu zweien.

Wach im Zigeunerlager und wach im Wüstenzelt,
es rinnt uns der Sand aus den Haaren,

15 dein und mein Alter und das Alter der Welt
    mißt man nicht mit den Jahren.

    Laß dich von listigen Raben, von klebriger
        Spinnenhand
    und der Feder im Strauch nicht betrügen,
    iß und trink auch nicht im Schlaraffenland,
20 es schäumt Schein in den Pfannen und Krügen.

    Nur wer an der goldenen Brücke für die Karfunkelfee
    das Wort noch weiß, hat gewonnen.
    Ich muß dir sagen, es ist mit dem letzten Schnee
    im Garten zerronnen.

25 Von vielen, vielen Steinen sind unsre Füße so wund.
    Einer heilt. Mit dem wollen wir springen,
    bis der Kinderkönig, mit dem Schlüssel zu seinem
        Reich im Mund,
    uns holt, und wir werden singen:

    Es ist eine schöne Zeit, wenn der Dattelkern keimt!
30 Jeder, der fällt, hat Flügel.
    Roter Fingerhut ist's, der den Armen das Leichentuch
        säumt,
    und dein Herzblatt sinkt auf mein Siegel.

    Wir müssen schlafen gehn, Liebster, das Spiel ist aus.
    Auf Zehenspitzen. Die weißen Hemden bauschen.
35 Vater und Mutter sagen, es geistert im Haus,
    wenn wir den Atem tauschen.

Anrufung des großen Bären

    Großer Bär, komm herab, zottige Nacht,
    Wolkenpelztier mit den alten Augen,
    Sternenaugen,
    durch das Dickicht brechen schimmernd
5   deine Pfoten mit den Krallen,
    Sternenkrallen,
    wachsam halten wir die Herden,

doch gebannt von dir, und mißtrauen
deinen müden Flanken und den scharfen
10 halbentblößten Zähnen,
alter Bär.

Ein Zapfen: eure Welt.
Ihr: die Schuppen dran.
Ich treib sie, roll sie
15 von den Tannen im Anfang
zu den Tannen am Ende,
schnaub sie an, prüf sie im Maul
und pack zu mit den Tatzen.

Fürchtet euch oder fürchtet euch nicht!
20 Zahlt in den Klingelbeutel und gebt
dem blinden Mann ein gutes Wort,
daß er den Bären an der Leine hält.
Und würzt die Lämmer gut.

's könnt sein, daß dieser Bär
25 sich losreißt, nicht mehr droht
und alle Zapfen jagt, die von den Tannen
gefallen sind, den großen, geflügelten,
die aus dem Paradiese stürzten.

Reklame

Wohin aber gehen wir
ohne sorge sei ohne sorge
wenn es dunkel und wenn es kalt wird
sei ohne sorge
5 aber
mit musik
was sollen wir tun
heiter und mit musik
und denken
10 *heiter*
angesichts eines Endes
mit musik

und wohin tragen wir
am besten
15 unsre Fragen und den Schauer aller Jahre
in die Traumwäscherei ohne sorge sei ohne sorge
was aber geschieht
am besten
wenn Totenstille

20 eintritt

Die große Fracht

Die große Fracht des Sommers ist verladen,
das Sonnenschiff im Hafen liegt bereit,
wenn hinter dir die Möwe stürzt und schreit.
Die große Fracht des Sommers ist verladen.

5 Das Sonnenschiff im Hafen liegt bereit,
und auf die Lippen der Galionsfiguren
tritt unverhüllt das Lächeln der Lemuren.
Das Sonnenschiff im Hafen liegt bereit.

Wenn hinter dir die Möwe stürzt und schreit,
10 kommt aus dem Westen der Befehl zu sinken;
doch offnen Augs wirst du im Licht ertrinken,
wenn hinter dir die Möwe stürzt und schreit.

———

GÜNTER GRASS

Tierschutz

Das Klavier in den Zoo.
Schnell, bringt das Zebra in die gute Stube.
Seid freundlich mit ihm,
es kommt aus Bechstein.
5 Noten frißt es
und unsere süßen Ohren.

Nächtliches Stadion

Langsam ging der Fußball am Himmel auf.
Nun sah man, daß die Tribüne besetzt war.
Einsam stand der Dichter im Tor,
doch der Schiedsrichter pfiff: Abseits.

Prophetenkost

Als Heuschrecken unsere Stadt besetzten,
keine Milch mehr ins Haus kam, die Zeitung
    erstickte,
öffnete man die Kerker, gab die Propheten frei.
Nun zogen sie durch die Straßen, 3800 Propheten.
5 Ungestraft durften sie reden, sich reichlich nähren
von jenem springenden, grauen Belag, den wir die
    Plage nannten.
Wer hätte es anders erwartet. —

Bald kam uns wieder die Milch, die Zeitung atmete
    auf,
Propheten füllten die Kerker.

Gasag

In unserer Vorstadt
sitzt eine Kröte auf dem Gasometer.
Sie atmet ein und aus
damit wir kochen können.

Kinderlied

Wer lacht hier, hat gelacht?
Hier hat sich's ausgelacht.
Wer hier lacht, macht Verdacht,
daß er aus Gründen lacht.

5 Wer weint hier, hat geweint?
Hier wird nicht mehr geweint.
Wer hier weint, der auch meint,
daß er aus Gründen weint.

Wer spricht hier, spricht und schweigt?
10 Wer schweigt, wird angezeigt.
Wer hier spricht, hat verschwiegen,
wo seine Gründe liegen.

Wer spielt hier, spielt im Sand?
Wer spielt muß an die Wand,
15 hat sich beim Spiel die Hand
gründlich verspielt, verbrannt.

Wer stirbt hier, ist gestorben?
Wer stirbt, ist abgeworben.
Wer hier stirbt, unverdorben
20 ist ohne Grund verstorben.

Lamento bei Regen

Trommeln stehen im Regen,
Eimer, wer hielt das Blech
dem Regen hin, daß die Trommel
bodenlos leerläuft, der Eimer
5 überläuft, aussagt;
niemals verweigert der Regen,
wenns regnet, den Blechtrommelvers:
Du solltest dich nicht so erregen,
es regnet nicht deinetwegen.
10 Aale regnet es strichweis
von einem Fluß in den andern,
an beiden aalreichen Flüssen
stehen die Tafeln, verbieten
den Regen nicht, doch den Köder;
15 und umgekehrt wie sich Regen

umgekehrt liest, heißt der Text:
        Sie sollten sich nicht so erregen,
        es regnet nicht ihretwegen.
Niederschlag heißt hier Regen,
20 Farbbänder, farblos gelockt,
aus Schreibmaschinen der Nachlaß
zu früh verstorbner Poeten,
die hundert hellblonden Hymnen,
dazwischen endlos Lamento;
25 getippt und kopiert ist der Text:
        Wir sollten uns nicht so erregen,
        es regnet nicht unseretwegen.
Hält ihren Kopf in den Regen,
die Frau ohne Schirm steht im Regen
30 und schreit, weil aus bodenlos Eimern,
weil strichweis Aal ohne Köder,
weil Farbbänder farblos, schreit sie,
bis schweinsledern Polizisten
kommen, schweinsledern verkünden:
35   Ihr sollt euch nicht so erregen,
        es regnet nicht euretwegen.
Nun regnet es auch im Kino,
der Regen auf Spulen läuft ab,
der Film, der die Leinwand durchnäßte
mit Liebe, trennendem Flimmern,
er reißt nicht, sondern sie küssen
sich flüsternd in Pelerinen
und flüstern auf Breitwand und flüstern:
        Geliebte, erregt dich der Regen,
        es regnet nur unseretwegen.

Im Ei

Wir leben im Ei.
Die Innenseite der Schale
haben wir mit unanständigen Zeichnungen

und den Vornamen unserer Feinde bekritzelt.
5 Wir werden gebrütet.

Wer uns auch brütet,
unseren Bleistift brütet er mit.
Ausgeschlüpft eines Tages,
werden wir uns sofort
10 ein Bildnis des Brütenden machen.

Wir nehmen an, daß wir gebrütet werden.
Wir stellen uns ein gutmütiges Geflügel vor
und schreiben Schulaufsätze
über Farbe und Rasse
15 der uns brütenden Henne.

Wann schlüpfen wir aus?
Unsere Propheten im Ei
streiten sich für mittelmäßige Bezahlung
über die Dauer der Brutzeit.
20 Sie nehmen einen Tag X an.

Aus Langeweile und echtem Bedürfnis
haben wir Brutkästen erfunden.
Wir sorgen uns sehr um unseren Nachwuchs im Ei.
Gerne würden wir jener, die über uns wacht
25 unser Patent empfehlen.

Wir aber haben ein Dach überm Kopf.
Senile Küken,
Embryos mit Sprachkenntnissen
reden den ganzen Tag
30 und besprechen noch ihre Träume.

Und wenn wir nun nicht gebrütet werden?
Wenn diese Schale niemals ein Loch bekommt?
Wenn unser Horizont nur der Horizont
unserer Kritzeleien ist und auch bleiben wird?
35 Wir hoffen, daß wir gebrütet werden.

Wenn wir auch nur noch vom Brüten reden,
bleibt doch zu befürchten, daß jemand,
außerhalb unserer Schale, Hunger verspürt,
uns in die Pfanne haut und mit Salz bestreut. —
40 Was machen wir dann, ihr Brüder im Ei?

Der Neubau

Beim Ausschachten,
im März,
stießen wir auf Scherben,
die vom Museum abgeholt wurden.
5   Das Fernsehen drehte die Übergabe.

Beim Ausgießen der Fundamente,
im Mai,
trat ein Italiener zwischen die Verschalung
und ging verschütt.
10 Ermittelt wurde menschliches Versagen.

Beim Versetzen der Fertigteile,
im Juni und Juli,
vergaß jemand seinen Henkelmann
in den Hohlräumen der Außenwände.
15 Diese Bauweise ist ein Isolierverfahren der Firma
    Schlempp.

Beim Installieren der Leitungen,
im späten September,
verschwanden Fotokopien und ähnliches Ostmaterial
hinter dem Putz.
20 Die Fernheizung wurde angeschlossen.

Beim Verlegen der Fußböden,
bevor im November die Anstreicher kamen,
verlagerten wir die Vergangenheit des Bauleiters Lübke
unter die Böden.
25 Später versiegelten wir das Parkett.

Jetzt,
ab Dezember,
ist der Neubau bewohnt;
doch klagen die Mieter über Nebengeräusche.
30 Sie werden sich gewöhnen müssen.

═══════════

HANS MAGNUS ENZENSBERGER

telegrammschalter null uhr zwölf

mi dulce amor
auf dem formular
nach göteborg 40 pfennig das wort
mit allen tröstungen unsrer religion
5 *sanft entschlafen*
= RXP = antwort und engel bezahlt
dringend aufkauft malakka zinn loco
limit zwohundertsiebzig das picul
wie leis das tickt, wie leis
10 *mi dulce amor*
mi muy dulce amor
60 pfennig pro wort nach valladolid
= LX DEUIL = unser schmuckblatt
für trauerfälle geschäft und geburt
15 bote bezahlt, hier gilt allein
die harte poetik fester tarife:
condensare! an der verschmierten wand
fasse dich kurz tod, vertanes herz,
fass dich kurz, klartext bitte:
20 *mi dulce amor*

geburtsanzeige

wenn dieses bündel auf die welt geworfen wird
die windeln sind noch nicht einmal gesäumt

der pfarrer nimmt das trinkgeld eh ers tauft
doch seine träume sind längst ausgeträumt
5 es ist verzettelt und verbrieft

wenn es die zange noch am schädel packt
verzehrt der arzt bereits das huhn das es bezahlt
der händler zieht die tratte und es trieft
von tinte und von blut der stempel prahlt
10 es ist verzettelt und verbrieft

wenn es im süßlichen gestank der klinik plärrt
beziffern die strategen schon den tag
der musterung des mords der scharlatan
drückt seinen daumen unter den vertrag
15 es ist versichert und vertan

noch wiegt es wenig häßlich rot und zart
wieviel es netto abwirft welcher richtsatz gilt
was man es lehrt und was man ihm verbirgt
die zukunft ist vergriffen und gedrillt
20 es ist verworfen und verwirkt

wenn es mit krummer hand die luft noch fremd
    begreift
steht fest was es bezahlt für milch und telefon
der gastarif wenn es im grauen bett erstickt
und für das weib das es dann wäscht der lohn
25 es ist verbucht verhängt verstrickt

wenn nicht das bündel das da jault und greint
die grube überhäuft den groll vertreibt
was wir ihm zugerichtet kalt zerrauft
mit unerhörter schrift die schiere zeit beschreibt
30 ist es verraten und verkauft.

ins lesebuch für die oberstufe

lies keine oden, mein sohn, lies die fahrpläne:
sie sind genauer. roll die seekarten auf,
eh es zu spät ist. sei wachsam, sing nicht.

der tag kommt, wo sie wieder listen ans tor
5 schlagen und malen den neinsagern auf die brust
zinken. lern unerkannt gehn, lern mehr als ich:
das viertel wechseln, den paß, das gesicht.
versteh dich auf den kleinen verrat,
die tägliche schmutzige rettung. nützlich
10 sind die enzykliken zum feueranzünden,
die manifeste: butter einzuwickeln und salz
für die wehrlosen. wut und geduld sind nötig,
in die lungen der macht zu blasen
den feinen tödlichen staub, gemahlen
15 von denen, die viel gelernt haben,
die genau sind, von dir.

wortbildungslehre

in den toten hemden
ruhn die blinden hunde
um die kranken kassen
gehn die wunden wäscher

5 und die waisen häuser
voll von irren wärtern
leihn den fremden heimen
ihre toten lieder

doch die kranken hunde
10 ziehn den irren wäschern
ihre waisen hemden
aus den toten kassen

vor den blinden liedern
fliehn die fremden wärter
15 aus den wunden heimen
in die toten häuser

alle wunden wäscher
in den kranken kassen
ruhn mit blinden hunden
20   in den toten hemden

in den toten kassen
in den toten häusern
in den toten heimen
in den toten liedern

25   ruhn die toten toten

fund im schnee

eine feder die hat mein bruder verloren
der rabe
drei tropfen blut hat mein vater vergossen
der räuber
5   ein blatt ist in den schnee gefallen
vom machandelbaum
einen feinen schuh von meiner braut
einen brief vom herrn kannitverstan
einen stein einen ring einen haufen stroh
10   wo sie der krieg begraben hat
das ist lang her

zerreiß den brief
zerreiß den schuh
schreib mit der feder auf das blatt:
15   weißer stein
schwarzes stroh
rote spur
ach wie gut daß ich nicht weiß
wie meine braut mein land mein haus
20   wie mein bruder
wie ich heiß

abgelegenes haus   *für günter eich*

wenn ich erwache
schweigt das haus.
nur die vögel lärmen.
ich sehe aus dem fenster
5   niemand. hier

führt keine strasse vorbei.
es ist kein draht am himmel
und kein draht in der erde.
ruhig liegt das lebendige
10   unter dem beil.

ich setze das wasser auf.
ich schneide mein brot.
unruhig drücke ich
auf den roten knopf
15   des kleinen transistors.

'karibische krise . . . wäscht weißer
und weißer und weißer . . .
einsatzbereit . . . stufe drei . . .
that's the way i love you . . .
20   montanwerte kräftig erholt . . .'

ich nehme nicht das beil.
ich schlage das gerät nicht in stücke.
die stimme des schreckens
beruhigt mich, sie sagt:
25   wir sind noch am leben.

das haus schweigt.
ich weiß nicht, wie man fallen stellt
und eine axt macht aus flintstein,
wenn die letzte schneide
30   verrostet ist.

bildnis eines spitzels

im supermarkt lehnt er
unter der plastiksonne,
die weißen flecken in seinem gesicht
sind wut, nicht schwindsucht,
5   hundert schachteln knuspi-knackers
(*weil sie so herzhaft sind*)
zündet er mit den augen an,
ein stück margarine
(die gleiche marke wie ich:
10   *goldlux, weil sie so lecker ist*)
nimmt er in seine feuchte hand
und zerdrückt sie zu saft.

er ist neunundzwanzig,
hat sinn für das höhere,
15   schläft schlecht und allein
mit broschüren und mitessern,
haßt den chef und den supermarkt,
die kommunisten, die weiber,
die hausbesitzer, sich selbst
20   und seine zerbissenen fingernägel
voll margarine (*weil sie*
so lecker ist), brabbelt
unter der künstlerfrisur
vor sich hin wie ein greis.

25   der
wird es nie zu was bringen.
schnittler, glaube ich, heißt er,
schnittler, hittler, oder so ähnlich.

purgatorio

wehe die erde ist winzig auf den broschüren
zur snackbar watscheln entwicklungshelfer
eingewickelt in reiseschecks
die quarantäneflagge ist aufgezogen

5 *herr albert schweitzer*
wird zur transit-auskunft gebeten

ausgebuchte buchhalter rudern
durch gläserne korridore
zum jüngsten gericht
10 letzter abruf nach nagasaki

herr adolf eichmann
wird zur transit-auskunft gebeten

die welt ist wegen nebels geschlossen
auf tretrollern fahren bräute vor
15 in wehenden totenhemden
die maschine ist startbereit

monsieur godot
wird zur transit-auskunft gebeten

ausgang b position zweiunddreißig
20 die nylonstimme ruft weh über uns
leichenzüge fluten über die pisten
in der dunkelheit flammen sirenen

weiterung

wer soll da noch auftauchen aus der flut,
wenn wir darin untergehen?

noch ein paar fortschritte,
und wir werden weitersehen.

5 wer soll da unsrer gedenken
mit nachsicht?

das wird sich finden,
wenn es erst soweit ist.

und so fortan
10 bis auf weiteres

und ohne weiteres
so weiter und so

weiter nichts

keine nachgeborenen
15 keine nachsicht

nichts weiter

———

GÜNTER KUNERT

Über einige Davongekommene

Als der Mensch
unter den Trümmern
seines
bombadierten Hauses
5 hervorgezogen wurde,
schüttelte er sich
und sagte:
Nie wieder.

Jedenfalls nicht gleich.

Die niedrigen grünen Hügel
Bergen die verlorene Zeit, die
Vergessenen Erinnerungen
An alle, die lebten.

5 Im Wind, auf den keiner hört, wispern
Die Schreie der Erschlagenen. Im Ofen
Flüstern Stimmen so entsetzlich bekannt
Und doch so fremd.

Über der Stadt ballt sich eine Wolke: die
10 Vergangenheit. Immer wieder
Verflossen, kehrt unaufhaltsam
Aufs neu sie zurück.

Sprüche

1

Nur Anhänger hat
Und keine Mitläufer
Einzig die Wahrheit.

2

Empfehlung
Sich nicht zu ducken:
Das Schiff liefe nicht vorwärts,
Stünde nicht aufrecht im Wind
Das Segel.

3

Als unnötigen Luxus
Herzustellen verbot, was die Leute
Lampen nennen,
König Tharsos von Xantos, der
Von Geburt
Blinde.

4

Das flüchtige Glück
Festgenommen auf frischer Tat
Und ausgeliefert an eine Macht,
Die über mich herrscht: An Dich.

5

In den Herzkammern der Echos
Sitzen Beamte. Jeder
Hilferuf hallt
Gestempelt zurück.

Unterschiede

Betrübt höre ich einen Namen aufrufen:
Nicht den meinigen.

Aufatmend
Höre ich einen Namen aufrufen:
5 Nicht den meinigen.

Film — verkehrt eingespannt

Als ich erwachte,
Erwachte ich im atemlosen Schwarz
Der Kiste. Ich hörte: Die Erde tat sich
Auf zu meinen Häupten. Erdschollen
5 Flogen flatternd zur Schaufel zurück.
Die teure Schachtel mit mir, dem teuren
Verblichenen, stieg schnell empor.
Der Deckel klappte hoch, und ich
Erhob mich und fühlte gleich: drei
10 Geschosse fuhren aus meiner Brust
In die Gewehre der Soldaten, die
Abmarschierten, schnappend
Aus der Luft ein Lied,
Im ruhig festen Tritt
15 Rückwärts.

Ernst Balcke

Eine Schleife
zwischen Lindwerder und Schwanenwerder.
Eine Acht
im Januar neunzehnhundertzwölf.
5 Ein Riss
im zwiefach belasteten Eis der Havel.
Ein Fall
ins unaufhörlich fließende Nichts.

Ein Name
10 durch gemeinsamen Tod mit einem Dichter
aufbewahrt zu fragwürdiger Bedeutung
für eine
fraglose Nachwelt.

Oxford Street

Auf den Wellen gegen die Flut
der Gesichter,
gegen die rhythmische Brandung körperhafter Wogen,
die sich unaufhörlich erneuern,
5 hunderttausendfach
hinter den mürben Fassaden vorquellen,
aus den Türen schäumen und strudeln,
vieläugig verschiedenfarbig gleichartig,
ständiger Erguß des Planeten
10 durch seine lange Röhre Oxford Street,
gesellige Gene
eilen und suchen, sich irgendwo einzubohren,
festzubeißen, ein Ziel zu erreichen,
bald abgedrängt
15 in leere Nebengassen still, in leere Gräber lautlos,
in klanglose Ausgüsse zu endlicher Rast entweder
oder zu rastloser Ruhe,
um danach weiterzukämpfen wider die Strömung,
den Sog, der sich
20 selber verschlingt.

De profundis

Aus der ermeßlichen Gruft
Vergangenheit
die dumpfe Stimme, die schreit heraus
und gehört dem alltäglichsten
5 aller Schemen.

Die Burgen sind, die Wälle, ruft es,
ein Fortschritt: die Folter
vielsagende Neuerung wie der Vegetarismus.
Gepriesen
10   das Schießpulver und der dialektische Dialekt,
Bertolt Schwarz und Bertolt Brecht,
Kragenknopf und Präservativ.

Hört: Alles Neue ist gut, solange es neu ist.
Daher allem und jedem
15   ewige Jugend zu verleihen, ist dringlich
Gebot geworden, daß endlich
aufhöre aus der Tiefe zu rufen
das Gespenst unsrer Erfahrung.
Damit es Ruhe finde.
20   Damit wir Ruhe finden.
Damit in Europa kein anderer Geist umgehe
als der
erster Bürgerpflicht.

NOTES

WILHELM LEHMANN

Deutsche Zeit 1947

This poem shows the precision of Lehmann's observation, the economy of his diction, the careful, hesitant movement of his verse. It also demonstrates his awareness of misery and destruction, of the negations that must be overcome before consolation can be offered.

l. 4.	'Even the crows no longer find refuse.'
l. 13.	This image has been used to characterize the situation of German literature after the collapse and destruction of the year 1945 — writers who used spare language in reaction to the rhetoric of Hitler's Germany were known as *Kahlschläger*, forest-clearers.
l. 16.	'The hill-side blushes scarlet.'

Atemholen

With this tribute to the serenity even of tragic literature, compare W. B. Yeats's poem *Lapis Lazuli*. A detailed interpretation may be found in Werner Siebert (ed.), *Gegenwart des Lyrischen*, 1966, pp. 132–40.

l. 10.	'The sea shines blue through the gap in the hedge.'
ll. 11–12.	References to Don Giovanni's serenade in Act II of Mozart's opera, and to Shakespeare's *Merchant of Venice*.
ll. 17–18.	'The snail casts bands of colour round its shell.' *Zirkelschnecke* is a poetic variant of *Schnirkelschnecke* (*cepaea hortensis* or *cepaea nemoralis*).
l. 19.	Cordelia's laughter is 'soft' like her voice: cf. *King Lear*, v.iii.

Nach der zweiten Sintflut

This illustrates the darker moods of Lehmann's poetry, overlooked by those who see in this great poet no more than a writer of country-side idylls.

ll. 1–2. Cf. Genesis 8: 13–19.

l. 3. 'The paths turn to stone and sand again as the waters recede.'

l. 5. 'The corn-bunting sings its thin song.'

ll. 15–16. In Greek legend, the deluge which overwhelmed the world was survived by Deucalion (a son of Prometheus) and Pyrrha (a daughter of Epimetheus).

Unberühmter Ort

Here Lehmann treats one of the traditional themes of German poetry: the quiet spot far from the madding crowd, and its relation to history. The poem invites comparison with Annette von Droste-Hülshoff's *Das Haus in der Heide* and Theodor Storm's *Abseits*.

l. 2. *Hafergebind*: oats tied up in sheaves.

l. 9. *Harlekin*: the harlequin or magpie moth, *Abraxas grossulariata*.

ll. 7–10. Charlemagne (742–814), the Frankish king who founded the Holy Roman Empire.

Alter Mann mit Blumen

One of many poems in which Lehmann treats the problem of old age and its place in the cycle of existence.

l. 1. *Krume = Ackerkrume*: light topsoil.

l. 3. 'from the ever fruitful womb' (lit.: from the Womb Ever-again).

l. 4. Lung-wort and cowslip.

Die Eine

A charmingly unsolemn treatment of one of Lehmann's favourite themes: the relevance of myth and folk-tale to modern life. Nixies and dryads are still with us, if only we knew how to look for them!

l. 9. The story of Undine, a water-sprite who enters the world of men, has been told by Friedrich de la Motte Fouqué (1777–1843).

ll. 16–17.   In classical mythology, dryads are nymphs presiding over the woods, Corybantes priests of Cybele renowned for the delirious ecstasy of their celebrations.

Canto Sereno

A Song of Serenity, which draws the sum of Lehmann's life and poetry. Line 9 states concisely the complexity with which he has ever to come to terms.

l. 11.   Antonio Vivaldi (1680–1743). Italian composer renowned especially for his music for string ensembles.

GOTTFRIED BENN

Fuller analyses of *Statische Gedichte, Satzbau, Die Gitter* and *Kann keine Trauer sein,* and additional notes on these poems, will be found in Gottfried Benn, *Selected Poems,* Clarendon German Series, 1970, pp. 211–14, 220–4, 228–30.

Quartär

'Quartär' is the quaternary period — the geological era of the world in which we now live. In his story *Der Ptolemäer,* written in 1947, Benn has himself supplied the best commentary on his poem: 'Wieder war eine solche Stunde da, eine Stunde, in der sich etwas abzog von der Erde: der Geist oder die Götter order das, was menschliches Wesen gewesen war — es handelte sich nicht mehr um den Verfall des einzelnen Menschen, auch nicht einmal den einer Rasse, eines Kontinents oder einer sozialen Ordnung, eines geschichtlichen Systems, sondern etwas weit Ausholenderes geschah: die Zukunftslosigkeit eines ganzen Schöpfungswurfes trat in das allgemeine Gefühl, eine Mutation — an ein Erdzeitalter gebunden, an das hominine —, mit einem Wort: das Quartär ging hintenüber. Nicht dramatisch, nicht wie das Ende einer Schlacht, mehr atrophisch durch Abspannung der der Art bestimmt gewesenen Formen.' (*Ges. Werke* (Wiesbaden, 1968), 5. 1391.) In other words: the quaternary period is ending, not with a bang, but a whimper.

l. 4.   Claudius Ptolemaeus, an Alexandrian astronomer and geographer (A.D. 87–165) regarded the earth as the centre of the universe. Benn's *ptolemäischer Traum* is the dream of an ordered universe with man as its centre and purpose. Cf. Benn's letter to Fritz Werner, 17 Apr. 1949: '*Ptolemäus* war der Begründer des vorgalileischen Weltbildes: die Erde eine Scheibe, von Okeanos umflossen, begrenzt von den Säulen des Herkules. Alles ruhte, lag in sich beschlossen, war dem menschlichen Blick und Gedanken räumlich zugängig. Dann begann das Kataklysma: mit der Erde um die Sonne und der ganze physikalische Humbug mit der Milchstraße und der Unendlichkeit. Daher meine Aggressive gegen Kepler und Galilei usw., ich glaube ja an die moderne Physik nicht, sie ist ein Teil des nachantiken *dynamischen* Weltbildes; auf das das Abendland so stolz ist.' (G.B., *Ausgewählte Briefe*, Wiesbaden, 1957, pp. 146–7.)

l. 5.   The prefix *ver-*, with its suggestions of something passing, decaying, falling apart, is given the same kind of prominence in other modern German poems: cf. Enzensberger's *geburtsanzeige*, p. 131.

l. 7.   *stygisch*: belonging to the underworld (adj. from Styx, mythical river of Hades).

l. 10.   *Zyklen*: the cycles of life and history, as represented by Egypt's Sphinxes, the gates of Babylon, and modern Jazz. Cf. Benn's letter to Max Bense, 9 Sept. 1949: 'Die Relativität unseres Kulturkreises, das Gefühl für Kulturkreise überkaupt — sei es für die acht solaren Spenglers oder die 32 von Toynbee — ist, scheint mir, ein neues und einschneidendes Erlebnis unserer Generation und ein Stoß gegen das Abendland, von dem es sich kaum wieder wird erholen können.' (*Ausgewählte Briefe*, p. 174.)

l. 13.   *Rio del Grande*. Asked why he transformed the Rio Grande into a (grammatically indefensible) Rio *del* Grande, Benn replied: 'Einen Grund hierfür kann ich nicht angeben, ich brauchte diesen Vers, seinen Inhalt und seinen Rhythmus.' (*Dichter über ihre Dichtungen: Gottfried Benn*, ed. Lohner (München, 1969), p. 92.)

ll. 17–24.   Cf. Homer's Odyssey, Book XI, *ll.* 34–8: 'Als ich jetzt mit Gelübd' und Flehn die Scharen der Toten/ Angefleht, da nahm und zerschnitt ich den Schafen die Gurgeln/Über der Gruft; schwarz strömte das Blut; und es kamen versammelt/Tief aus dem Erebos

Seelen der abgeschiedenen Toten . . .' (J. H. Voss's translation.) Odysseus' descent into the land of the dead has fascinated more than one modern German author: the titles of Werner Warsinski's *Kimmerische Fahrt* and Hans Erich Nossak's *Nekyia* refer to this same passage.

l. 23. Zeus visited Leda in the form of a swan, Europa in the form of a bull.

ll. 34 ff. For Benn's views on the hypertrophy of the cerebrum in the quaternary period, cf. his essay *Der Aufbau der Persönlichkeit. Grundriß einer Geologie des Ich*, written in 1930.

l. 36. *die alte Spinne*: perhaps a grotesque version of the classical Lachesis, one of the Parcae that determine man's fate. The *Spinnenmann* of *l.* 44 is a further development of this image.

l. 50. *Fini du tout*. The French is strange (to say the least). Clemens Heselhaus (*Deutsche Lyrik der Moderne* (Düsseldorf, 1961), p. 277) offers the following comment on this poem: 'Das Eigentliche des Gedichts liegt nicht in der Thematik des Untergangs unserer Welt des Quartärs, sondern in jener bannenden Wortmagie, die die Gedanken der Essays in Wortfügungen aufglühn läßt, um sie dann wie ein Feuerwerk niedergehen zu lassen. Der Reim hat diese Kraft . . . Aber auch die Alliterationen . . . und die Assonanzen. Im ganzen Gedicht setzt sich diese [Alliterations = und Assonanztechnik] fort, so daß sie fast wichtiger als die Reime sind . . .'

Statische Gedichte

A programmatic poem, whose title is also that of a whole collection of poems by Gottfried Benn (1946 and 1948). In a letter dated 23 Nov. 1947, Benn explains: 'Statik also heißt Rückzug auf Maß und Form, es heißt natürlich auch ein gewisser Zweifel an Entwicklung und es heißt auch Resignation, es ist antifaustisch.' (Quoted in F. W. Wodtke, *Gottfried Benn*, Stuttgart, 1962, p. 81.) The figure of the sage introduced into this poem is reminiscent of a similar figure in the work of the later Brecht (e.g. *Legende von der Entstehung des Buches*

Taoteking . . .); but how different is the wisdom proclaimed! What Lao-Tse in Brecht's poem has to teach is the precise opposite of Benn's *Entwicklungsfremdheit*: 'Daß das weiche Wasser in Bewegung/ Mit der Zeit den mächtigen Stein besiegt./ Du verstehst, das Harte unterliegt.' An excellent analysis of this poem can be found in Beda Allemann's *Gottfried Benn*, Pfullingen, 1963, pp. 3–16.

ll. 1–10.   Cf. Benn's *Reisen*, *ll.* 13–16.

l. 17.   Cf. Benn's letter to F. W. Oelze, 27 Jan. 1933: 'An Stelle des Begriffs der *Wahrheit* und der Realität, einst theologisches, dann wissenschaftliches Requisit, tritt ja jetzt der Begriff der *Perspektive*. 'Perspektivismus' von Nietzsche stammend, von Ortega in letzter Zeit populär gemacht. Der Formtrieb, der Gestaltungs- und Abgrenzungstrieb braucht ja Material, Stoff. Aber man verwendet ihn nicht im Wahrheitssinn, sondern perspektivistisch. Man entwickelt eine *Perspektive*. Ist diese existentiell glaubhaft, über- zeugend als Ausdruck eines Sehens, einer Vision, ist ihr Zweck erfüllt. Natürlich wird ihr Realitätsgehalt, ihr exakter Befund eventuell bald überholt und verdrängt von neuen Befunden, Ergebnissen, sogenanntem Beweismaterial. Aber es bleibt ihre visionäre Realität, ihr Bildhaftgewordenes, ihre im Hinblick auf den Autor existentielle Intensität. Sie bleibt als *Ausdruck*, als *Kunst*.' (*Merkur* 159, xv (1961), 442 f.)

l. 18.   *seine* refers back to *der Weise*, who scorns the notion of meaningful historical development but has his own perspective on to paths that end in darkness, and who, in drawing his own lines — of art or systems of thought — brings meaning into that which has none of its own.

l. 21.   *Ranken* are tendrils and shoots: the works of the wise develop according to their own inherent laws like the tendrils of plants or the flight of birds in the winter dawn.

l. 23.   This section of the poem is full of Nietzschean phrases and ideas: the crows that appear in this line recall those of Nietzsche's poem *Vereinsamt*.

Satzbau

It is one of the characteristics of twentieth-century European poetry that it is often concerned with itself, with the linguistic and formal problems encountered by poets in the modern world. 'Bei der Herstellung eines Gedichtes beobachtet man nicht nur das Gedicht, sondern auch sich selber' (G.B. *Probleme der Lyrik, Ges. Werke* (1968), 4, 1059).

l. 9. *Büttenpapier*: hand-made paper.

l. 14. The word *überwältigend* has here a colloquial ring ('Enormously!') — many Berliners claim that no one can fully understand Benn who has not an ear for the linguistic inflections of the Berlin dialect.

l. 15. 'It's not the prospect of authors' fees . . .'

l. 18. *Fernsteuerung*: remote control.

l. 20. Priapus: the Roman god of sexuality, son of Venus and Bacchus.

l. 24. Cf. *Faust* I, *ll.* 590–3.

Die Gitter

This is Benn's treatment of the theme of the poet's necessary isolation. One of his favourite Bible quotations was Lamentations 3: 7: 'Er hat mich vermauert, daß ich nicht herauskann, und mich in harte Fesseln gelegt.' (Luther's transl.) *Die Gitter* should be compared with Paul Celan's *Sprachgitter*, which has been seen by Jerry Glenn (*German Life and Letters*, n.s. 1967, pp. 11–17) as part of Celan's dialogue with Benn. Compare G.B.'s *Probleme der Lyrik* (1951), where the 'lyric I' is called 'ein durchbrochenes Ich, ein Gitter-Ich, fluchterfahren, trauergeweiht'.

Was schlimm ist

This illustrates the witty, relaxed manner that Benn occasionally adopted; but the end, with its thought of death, modulates back into the serious, tragic mood characteristic of his late work.

Epilog 1949, I

The poetry of Gottfried Benn is pervaded by what he called *Chiffren* — signs, abbreviations that stand for a whole world of feeling and experience. Some of the most prominent of these are associated with the Mediterranean landscape, and more particularly with the colour blue. In *Probleme der Lyrik*, Benn has called *Blau* 'das Südwort schlecht-hin'. Longings for warmth, beauty, union with nature, and death all crystallize around the South Sea scenes in the opening stanza of this poem — while the second stanza brings again the sense of exclusion, of having to live in a world that is alien and indifferent to man.

l. 4.   Palau: a group of islands in the South Pacific.

Reisen

An example of Benn's urbane manner, with its polite address to the reader and its controversial speech-rhythms. The counterpoint of these rhythms with the metre Benn has chosen is well analysed by Brian Rowley in *Publications of the English Goethe Society*, 1966–7, pp. 161–2.

l. 6.   *Hibiscus*: althea, marsh-mallow.
ll. 7–8.   Cf. Exodus 16: 15–35.
l. 10.   *lido* is Italian for 'shore', *laan* the Dutch equivalent for 'lane'.
l. 14.   Note the play on *Fahren* and *erfahren*: true travel is exploration of the self.
l. 16.   the 'I' which finds out — and sets — its own limits.

Kann keine Trauer sein

This is one of several poems in which Benn explores the problems of old age, unhappiness, death and creativity through the lives of earlier poets, painters, and musicians. Modern poetry tends to be strongly conscious of its ancestry, and that of Gottfried Benn is no exception.

ll. 1–7.   Annette von Droste-Hülshoff died at Meersburg (on Lake Constance) in 1848; Friedrich Hölderlin at Tübingen in 1843 (in a house with a tower, owned by a cabinet-maker); Rilke died at Valmont, Switzerland, in 1926, Stefan George at Minusio/Locarno, Switzerland, in 1933, and Friedrich Nietzsche at Weimar in 1900.

l. 12.   A biographical image: genes control the development, in an offspring, of hereditary characteristics.

HANS ARP

Ein großes Mondtreffen

Arp was asked to contribute to an anthology of poems on that favourite subject of poets, the moon. This inspired him to a verse-cycle from which this and the next two poems are taken. They show Arp at his most fanciful, evolving vision after vision from the initial idea of a great moon-meeting. The poem is analysed by Fritz Usinger in *Doppelinterpretationen*, ed. Domin (Frankfurt, 1966), pp. 281 f.

ll. 9–10.	A characteristic rococo touch.
l. 11.	*Größenwahn*: megalomania.
ll. 14–16.	Words divide and give birth to new concepts: *Anagramme* splits into a woman's name and a unit of weight. Arp has himself drawn an analogy between his practice as a poet and his practice as a sculptor: 'Auch in meiner Bildnerei kommen die Anregungen oder Entschlüsse oft aus einem kleinen Anstoß. Ich bin zum Beispiel gar nicht unglücklich, daß hin und wieder eine meiner Skulpturen zerbricht. Unter diesen Bruchstücken sind oft erstaunliche Gebilde, die lebendiger sind als diejenigen, welche durch tagelanges Hobeln an meinem Gipsmodell entstanden waren.' (*Doppelinterpretationen*, ed. Domin, p. 283.)
l. 26.	*Sfumatosänften*: sedan-chairs painted in a cloudy, indistinct manner.
	blümerant: pale blue (*bleu mourant*); dizzy.
l. 29.	*freßsäckend* is a nonce-word, suggesting the activities of a *Freßsack* (glutton). *Freßsack* can also mean a provender-bag or nose-bag.
	Talmimonde: gilded moons.
l. 35.	*Brisanz*: explosive force.
l. 37.	*Hans*, the poet's own first name, leads over to the appearance of the 'lyric I' in the final lines of this poem.

In einer eckigen Nacht

This section of *Mondsand* is distinguished by its union of rococo and cosmic imagery (*ll.* 2–6, 12–13). Lines 14–16, on the other hand, recall nothing so much as surrealist collages: the moustachioed Mona Lisa of Marcel Duchamp, or juxtapositions and super-impositions of classical and modern engravings by Max Ernst.

l. 9.	*weinselig*: fond of wine *and* made happy by wine.
l. 15.	*onduliert* ('with a permanent wave') carries on the barber-shop image of *frisiert*; but then sound and rhythm suggest a word from a quite different sphere (*dämonisiert*), which in its turn suggests the idea of a 'demonic' super-moustache (*Überschnurrbart*) in the following line.
l. 21.	*versumpfen*: 'sink into the mire', 'go to pot'.

Ein Mond aus Blut

This poem illustrates the darker, less whimsical side of Arp's later poetry.

Die Ebene

This poem enshrines Arp's haunting vision of a macadamized universe vaulted by the blue sky but utterly empty except for the poet and his chair. Parallels could be drawn with the work of Samuel Beckett, though bleakness is not characteristic of Arp's later poetry as a whole. *Traurig aber nicht verzweifelt* (*l.* 22) describes the mood of the poem.

l. 12.	*abwegig*: lost, out of place, mistaken.
l. 23.	Arp's *schwarzes Licht* recalls the image of the 'black sun' familiar from Gérard de Nerval's 'El Desdichado':

> Ma seule étoile est morte — et mon luth constellé
> Porte le soleil noir de la mélancholie.

Gondel fahren

A perfect example of Arp's ability to create a fantasy-world — what he has himself called 'das Unsichtbare zu gestalten' (*Doppelinterpretationen*, ed. Domin, p. 283). A bright, precise, playfully child-like, amusing, and moving creation.

YVAN GOLL

Bluthund

The physical anguish of a poet dying of leucaemia is perceptible in the inner landscape created by this terrible poem; yet one's experience of it is in no way dependent on knowledge of biographical facts.

> *l.* 13.   *flüchtig*: taking flight.

Salz und Phosphor

As the previous poem created a townscape of misery (*Vorstadt meines Elends*) with perspectives on to a world of spirits and angels, so this poem creates mines of the heart (*Herzbergwerk*) from which minerals of sorrow are brought up into the height of the stars. 'Hinter der Nennung von Salz, Eisen, Metallen, Phosphor und Achat steht eine ganze Bedeutungslehre der Metalle und Steine . . . Das Eisen ist ein altes Bild für die Kraft und Stärke des Herzens. Das Salz kann neben anderen Bedeutungen auch die Wollust des Lebens abbilden. Der Phosphor soll wie der Schwefel reinigen und läutern. Die gestirn-verbindende Kraft des Achats ist im Gedicht selbst ausgesprochen . . .' (C. Heselhaus, *Deutsche Lyrik der Moderne*, p. 427).

> *l.* 1.   *Entkümmern* is a bold neologism — if only the salt could be freed from sorrow . . .
> *l.* 7.   *tobt sich aus*: 'rages until its rage is spent.'

Die Kastanienhand

A modern vision of judgement: a hand of flesh suddenly finds itself seized by another, a wholly other, and it falls away . . . The uncanny image of the 'chestnut-hand' may have been suggested by the shape of the chestnut-tree's leaf.

> *l.* 5.   *Fünfzigerhand*: The hand of a man of fifty.
> *l.* 10.   The short last line — unpunctuated, like so many of these late poems by Yvan Goll — suggests horrified breaking off.

Stunden

Another illustration of Yvan Goll's myth-making faculty. The slow measured step of the hours, seen as bearers of water and bearers of shade, becomes actual in line 3, with its five heavy stresses (three of them made more portentous still by alliteration). The internal rhyme of line 11, and the grammatically unrelated single word of the final line, suggest vanishing from sight in an echoing eternity. The merging of different images in this poem has been well described by C. Heselhaus in *Deutsche Lyrik der Moderne*, pp. 421 f.

l. 11.   *verhangen:* curtained off, as it were, by the eternity into which they pass. The word *Verhängnis* (fate, destiny) may be heard as an overtone.

Feuerharfe

The harp of fire symbolizes the art of a poet racked by pain; the image of fire holds all the short sections of this poem together. The theme of metamorphosis, *Verwandlung*, here appears in the context of an invocation that surveys the course of a whole life and tries to find a meaning for pain. The burning bush of line 1, the harp of line 3 and the prayer of lines 11–12 have Biblical, Old Testament associations, which mingle strangely with such surrealist creations as cathedrals in flames of roses (*l.* 7), fireproof angels (*l.* 8) and ash-ravens (*l.* 9). Goll's view of Surrealism, which differs significantly from that of André Breton, is set out in a manifesto reprinted in *Dichtungen* (ed. C. Goll, Darmstadt, 1960), pp. 186–7, and has been well analysed by Richard Exner in 'Surrealist Elements in Y.G.'s Franco-German Poetry', *Symposium*, XI (New York, 1957), pp. 92 f.

Hiob

The Biblical sufferer Job assumes symbolic importance for many German (and particularly German–Jewish) poets of the twentieth century, from Karl Wolfskehl's *Hiob*-cycle in *Die Stimme spricht* (1934) to Nelly Sachs's *Hiob* (see below, p. 66). In Goll's poem, the 'cedar' of line 3 and the 'olive-tree' of line 25, as well as the 'Dead Sea' of line 17, create an Old Testament atmosphere that becomes particularly dense in lines 38–42.

l. 8.   *morschen:* grow rotten, grow brittle, decay.
l. 14.   *Zerlauge mich:* 'lixiviate me', 'decompose me'.
l. 22.   Cf. Job 1: 13 f.
l. 38.   These are the opening words of the most sacred Jewish prayer, made up of the three passages from the Pentateuch: Deuteronomy 6: 4–9; 11: 13–21, and Numbers 15: 37–41.
ll. 39.   suggested by the shew-bread and candlesticks of the Jewish house of worship, first described in Exodus 25.

Der Staubbaum

This evocation of two lovers walking through a landscape of dust into deepening darkness is one of the saddest love-poems in any language. The absence of punctuation in other poems of *Traumkraut* (the cycle from which all Goll's poems in this selection have been taken) gives the five exclamation-marks of *Der Staubbaum* a special urgency. The slightest touch, we are made to feel, will cause this dust-scape to disintegrate. As so often with the later Goll, the images are unique, personal, imaginative developments of traditional symbols — the feeling that man and his possessions are dust and shall return to dust has Biblical authority, but *Staubbaum, Staubwald, Staubband, Staubvogel* and *Staubrose* are Goll's own creations. Compare C. Heselhaus, *Deutsche Lyrik der Moderne*, pp. 424 f.

NELLY SACHS

Die Markthändlerin (B.M.)

One of a series of poems dedicated to individual victims of Hitler's death-camps. It introduces the main themes of Nelly Sachs's poetry: the 'bloody mystery' of the 'enormous death' that has to be fathomed; *Heimkehr*, a return home after wandering; the hieroglyphs of nature which angels may read, if not men; and the mystical, metaphysical perspectives in which suffering must be seen. It also introduces two of the key symbols of her poetry: 'fish', the mute victim (which also has sacred associations, for the fish is an ancient symbol for Christ): and 'sand', connected with wandering through desert wastes. '. . . die furchtbaren Erlebnisse, die mich selbst an den Rand des Todes und der Verdunkelung gebracht haben, sind meine Lehrmeister gewesen. Hätte ich nicht schreiben können, so hätte ich nicht überlebt. Der Tod war mein Lehrmeister. Wie hätte ich mich mit etwas anderem beschäftigen können, meine Metaphern sind meine Wunden. Nur daraus ist mein Werk zu verstehen.' (Nelly Sachs's letter to Gisela Dischner, 12 July 1966.)

ll. 3-4.   'Du warst' is understood at the beginning of this sentence. 'You were surrounded by the brightness of . . .' The dative phrases *heimkehrenden Fischen* and *versteckten Füßen* are grammatically parallel: both depend on 'umstrahlt von'.

Chor der Geretteten

The solemn, frequently Biblical style with its repetitions, parallelisms
and traditional imagery, in no way obscures the horrible realities
of recent history: mutilations, dripping blood, hangings, tearing by
specially trained dogs. The 'dust' symbol that pervades this poem is
related to the 'sand' symbol already noted; but it has additional
overtones of mortality. For the sense of a world and a body barely
held together and threatening to dissolve in dust, compare Yvan
Goll's *Der Staubbaum*, p. 63.

l. 27.	*Webe* = 'Gewebe': web, tissue.

Auf daß die Verfolgten nicht Verfolger werden

The title shows that Nelly Sachs is not the chronicler of only one
particular persecution, and that she does not see her poetry as a
monologue, a self-contained aesthetic object without effect on the
social behaviour of those who read it. The poem shows once again
the cosmic sweep of her imagination — the terrifying steps of
approaching slayers which the opening of each stanza evoke are of
this earth, but the end of the poem hears them amid the vastnesses of
universal space and time. 'Wer kann Garantie dafür gewähren, daß
der Schrecken unwiederholbar sei? Vielleicht kann man ihn für
die Zukunft verbannen, indem man ihn warnend beschwört'
(G. Dischner in *Das Buch der Nelly Sachs*, ed. B. Holmqvist, p. 341).

ll. 7–8.	In Greek and Roman times portents were sought in the flight of birds and the entrails of sacrificial animals. For a statue running blood, see Shakespeare's *Julius Caesar*, ii.ii.
l. 12.	*Urzeitspiel*: 'the interplay, from times immemorial . . .'
l. 16.	*reißend* is an adjective often associated with the onrush of time; it also looks forward, however, to the wolves of the following line. Genesis 37: 33 reads in Luther's translation: 'Ein reißendes Tier hat Joseph zerrissen.'
ll. 28–9.	How hard it is for a modern to believe in that harmony of the universe which the ancients symbolized by the music of the spheres!

Hiob

The figure of Job has undergone a significant metamorphosis: the
great questioner has been struck dumb by too much suffering, akin

in this to worms and fishes. The last lines once again open cosmic perspectives.

l.	1.	*Windrose* is a naval compass, but the image of a storm-tossed rose is also present.
ll.	7–8.	The image of the hunter and his animal-victims recurs in Nelly Sachs's poetry. Cf. Peter Huchel, *Landschaft hinter Warschau*, p. 74.

Erde, Planetengreis

Shakespeare's King Lear, the archetypal sufferer against whom the elements and the wickedness of man conjoin, is here magnified to cosmic dimensions — the whole earth is seen as a Lear bearing in his arms, instead of the dead Cordelia, the loneliness of all created life.

l.	4.	'Das Meer ist die kosmisch begriffene Salz- und Tränenflut' (Beda Allemann).
ll.	7–9.	'On your silver locks that have seen millions of years you wear the garland of the earth's smoke; on your forehead you wear madness, amid the smell of burning.' (The lines allude to the crematoria of Hitler's death-camps.)

In der Flucht

Nelly Sachs has herself pointed out that the central theme of this poem, like that of so much of her work, is the longing of all creation to be changed utterly (cf. 1 Corinthians 15: 51): 'Wie aller Geschöpfe Verwandlung geht die unbewußte Sehnsucht der Geschöpfe weiter in die Elemente zurück. Darum sehnt sich der Schmetterling wieder zum Meer. Beim Menschen bricht der Todesschweiß aus. Das Gedicht ist ganz auf "Verwandlung" gestellt.' (*Doppelinterpretationen*, ed. Domin, p. 157.) The themes of homelessness and flight are also prominent.

l.	3.	The dashes that end every section of the poem, and end the poem as a whole, point beyond the spoken and written word into the unsayable.
ll.	13–15.	The image is probably that of a fly enclosed in amber (*Bernstein*).

Die beiden Alten

'Kein Dichter hat, soviel ich weiß, alte, altersschwache, gestörte Menschen mit so viel liebevoller Einfühlung und Ehrfurcht geschildert wie Nelly Sachs.' (O. Lagercrantz, *Versuch über die Lyrik der N.S.* (Frankfurt, 1967), p. 90.)

l. 3.　　Another instance of this poet's tendency to see her world at once in earthly and in cosmic terms.

l. 6.　　The past of these two old people is re-evoked in terms of the past; behind this line we may hear Heine's *Der Asra*: 'Und mein Stamm sind jene Asra, / Welche sterben, wenn sie lieben.'

l. 9.　　*Netzhaut*: retina.

ll. 10–11.　　Nails and hair go on growing for a while after death — this is here 'transformed', in a way characteristic of Nelly Sachs's poetry, into the image of a spiritual future that outlasts death.

BERTOLT BRECHT

An meine Landsleute

This poem illustrates the social concern of the later Brecht, and his refusal to regard poetry as a monologue. The pellucid structure of the poem — it addresses first of all the survivors of the holocaust, then the men, children and women separately — serves the poet's rhetorical purpose well, as does also the repetition of key-words in rhyming positions: *Erbarmen, Messer, verschonen, leben.* Yet there is nothing mechanical about such repetition: the two central stanzas are framed by their identical rhymes, the first and last are not.

l. 4.　　'As if the old ones had not been enough.' This line is a good example of Brecht's combination of colloquial language (*es hat gelangt*) with the solemn formality of Biblical archaisms (the *-et* form of the past participle).

l. 8.　　'If you had not staked on the knife.' — an image from gambling.

l. 12.　　*Einsicht,* understanding that comes from 'seeing into' the working of society, is what these later poems of Brecht's seek to promote. The phrase 'Habt doch Einsicht!', which can be heard behind this line, means 'Please be reasonable!'

Wahrnehmung

Most of Brecht's later poems are not rhymed, and are written in a variable metre that renders as exactly as possible the speech-rhythms — Brecht called them 'speech gestures' — of modern German. He has himself analysed and justified his practice in an essay written in 1938 and entitled, 'Über reimlose Lyrik mit unregelmäßigen 'Rhythmen' (*Über Lyrik*, ed. E. Hauptmann and R. Hill, Frankfurt, 1964, pp. 77–88). Characteristic of his later poetry are also the brevity of these poems (in this Brecht was greatly influenced by Eastern models, particularly the Japanese *haiku* and *tanka*), and the closeness with which the 'ich' that speaks in the poems may be identified with Brecht himself. The poet speaks of his own life and his own concerns in the hope that these may prove exemplary — that they may help others to see their own problems mirrored in the poet's and to overcome them.

Auf einen chinesischen Theewurzellöwen

'It is one of the characteristics of Brecht that he liked to stylize his literary — and to a certain degree also his biographical — self according to some image which he found in or composed from poetry, history or life. During the latter part of his life the Chinese sage seems to be the substratum for this exemplary image . . . *Freundlichkeit* becomes one of the key-words of the later Brecht, *Güte* another.' (Kurt Wölfel, in Bertolt Brecht, *Selected Poems*, Oxford, 1965, pp. 29–30.)

The creature referred to in the title is a lion made out of the root of the tea-plant, regarded in China as a talisman of good fortune.

Der Radwechsel

This seems to be Brecht's wry variation on an old folk-verse: 'Ich komm, weiß nicht woher, / Ich geh, weiß nicht wohin, / Mich wundert, daß ich so fröhlich bin.'

Vor acht Jahren

This is one of many poems on what is often called *unbewältigte Vergangenheit* — a past with which the poet and his contemporaries has not yet come to terms. What *did* all these people see, and do, in the Hitler period?

Die Lösung

The poem refers to a workers' rising in East Berlin on 17 June 1953. Compare Günter Grass's play *Die Plebejer proben den Aufstand*, whose central character is clearly modelled on Brecht. The subtly expressive enjambement deserves some analysis: in lines 4–7 the line-endings cutting across the text of the official leaflets make the reader pause and consider; they act almost like inverted commas around such words as *Volk, das Vertrauen, verdoppelte Arbeit, zurückerobern*. The most disruptive enjambements of all are kept to the end (after *da* and — especially — after *und*) and help to point the bitter jest.

Böser Morgen

This poem probably refers to the aftermath of the rising of 17 June 1953. Trees are the later Brecht's favourite symbols for simple beauty: his poem *An die Nachgeborenen* laments that in times of darkness 'Ein Gespräch über Bäume fast ein Verbrechen ist / Weil es ein Schweigen über so viele Untaten einschließt!' In *Böser Morgen*, guilt-feelings are seen to spoil even a pleasure in trees; 'ein Gespräch über Bäume', we perceive, may after all have political and social relevance. Hans Mayer has summed up the paradox of the poem: 'Bewußtsein des Träumenden, schuldlos zu sein. Emotion des Träumenden: Schuldempfinden.' (*Ansichten*, Reinbeck, 1962.)

l. 7.   *zerarbeitet*: worn and lined by work.

Der Rauch

A perfect example of what has been called Brecht's 'ideograms'. Two self-contained lines paint an idyllic picture; then comes a line of reflection, in the subjunctive mood, which acts as a pivot on which the poem turns; and we return to the images of the opening with the new knowledge, the 'idea', that it is only the human which gives warmth and meaning to the landscape. For a full analysis, see Volker Klotz, *Bertolt Brecht. Versuch über das Werk*, Darmstadt, 1957, pp. 80 f.

Beim Lesen des Horaz

It is difficult to see what particular passage of *Horace* Brecht may have had in mind; suggestions include *Carmina* I. 2 (where there is a reference to the Deluge) and III. 30 (which refers to the permanence of poetry in a mutable world). Kurt Wölfel reads the poem as yet

another expression of Brecht's mood after the events of June 1953:
'The poem raises the question of the value of a golden future that is
unattainable to the people living in the stony present.' (Wölfel,
op. cit., p. 128.)

Beim Anhören von Versen

l. 2.   Gottfried Benn.

Das Gewächshaus

l. 2.   *aufgelassen*: 'abandoned' and 'left open'.
l. 9.   *mancher Handgriff*: many a manipulation.
l. 12.   Here the symbolic meaning of the poem — its applica-
            tion to the 'beautiful sensitive ones' outside the world
            of hothouse plants — asserts itself clearly.

Die Vögel warten im Winter vor dem Fenster

Hans Mayer (*Ansichten* (Reinbeck, 1962), pp. 104 ff.) sees in this
fable a counter-poem to La Fontaine's *La Cigale et le fourmis*. The
blackbird which has sung all summer long may claim its reward
with as much justice as the other birds who show that they have
performed 'useful' tasks. The ultimate theme of this little poem is
therefore the social function of art.

ll. 14–15.   The distortion of *vorn* to make it into an (even then
                imperfect) rhyme is reminiscent of folk-song. Brecht
                was suspicious of the aesthetic self-sufficiency rhyme
                conferred on poems and liked to counteract this by
                deliberate jingles or imperfections.

PETER HUCHEL

Letzte Fahrt

Many of Huchel's most successful earlier poems adopt the perspective
of childhood. *Letzte Fahrt* is also characteristic of the predominantly
dark vision of this author; of his concern with the poor (in the country
rather than the cities); and his special feeling for landscape. This
does not, however, make him a 'nature-poet' in the sense that he
deals with rocks and plants rather than mankind: his landscapes are
always a setting for human beings or symbolic of human experiences.

l. 5.	*Grabgebüsch*: the omnipresence of death in this poem is announced by its title and carried on by many metaphors, culminating in *die toten Träume* of the sixth and *der tote Hall* of the eighth stanza. The apparition of the dead father near the *Grabgebüsch* (*l.* 34) is the climax and turning-point: it brings into the poem the remembering and living 'I' walking along the reeds while the captive fish leaps in its can.
l. 14.	*staken*: to push with a punt-pole.
l. 17.	*Reuse*: bow-net, bow-weel, used to trap fish.

Landschaft hinter Warschau

Huchel saw service in the German armies that invaded Eastern Europe. Within the 'landscape with figures' of this poem may be felt the oppressive consciousness of what happened when the German armies occupied Poland — this gives point to the image of hunters and their prey in lines 15–18.

l. 1.	*Spitzhackig*: as with a pick-axe.
l. 14.	As in the previous poem, Huchel makes his readers feel that the past lives on within the present.

Münze aus Bir El Abbas

Bir El Abbas is in Algeria.

ll. 1–2.	The implied *Du* of these injunctions is more akin to the *Du* of Benn's poetry than that of Brecht: the poet addresses another part of the self.
ll. 7–8.	The assonances and alliterations attest Huchel's highly conscious craftsmanship.
l. 17.	*schrundig*: chapped, chafed.
l. 25.	*Ulad*: dancing-girl belonging to the South Algerian Uled Naïl tribe.

Chausseen

Huchel's best-known collection of verse takes its title from the third line of this poem. The great trek of refugees at the end of the last war has found in Huchel a chronicler who sets it into an apocalyptic landscape — in contrast with Heinz Piontek's *Die Verstreuten* (which opens historical perspectives on to Aeneas escaping from sacked

Troy). Many short lines suggest an utterance held back and checked, in consonance with the images of choking that link the first and last section of the poem. The terrible, exact image which ends *Chausseen* recalls Brecht's motto: *Die Wahrheit ist konkret.*

Bericht des Pfarrers

This poem, like the preceding one, forms part of an unfinished cycle chronicling the last days of the war; the cycle was to have been called *Das Gesetz.* The *persona* of the *Pfarrer* gives additional point to the apocalyptic imagery, to the reminiscences of Christ's Passion, and to the terrible, twice-repeated sentence: *Hier war kein Gesetz.*

ll. 14–17.   'Christ's head broke from the wooden cross as though his bones and skull had been stoned in great rage; dust melted them [into the ground] and terrified light united itself with them.' The involuted sentence-structure delays the line *Brach Christi Haupt vom Holz*, and makes it, with its four heavy stresses, a powerful climax.

l. 18.   'The flights of enemy aircraft turned, roaring . . .'

l. 4.   Simon of Cyrene helped Christ bear his cross (Matthew 27: 32; Mark 15: 21; Luke 23: 26).

Soldatenfriedhof

An impressive variation of the folk-motif (cf. 'Revelge' in *Des Knaben Wunderhorn!*) of dead soldiers who return at night to haunt the living. That it is their crosses rather than their spirits that return, and that these identical crosses equally spaced in some military cemetery seem much on parade as soldiers being drilled for battle, are additional turns of the screw. In the course of a detailed analysis of this poem (*Kristalle*, 1967, p. 225), Helmut Preuß summarizes its structure: 'Strophe 1 und 6 halten das Statische der Kreuze über dem Gräberfeld fest; Strophe 2 und 4 zeigen das scheue und unwirkliche Tun der Gefallenen, die für kurze Zeit unsichtbar ins Leben zurückkehren; Strophe 3 und 5 spiegeln Gott, Natur und Geisterruf . . .'

ll. 5–6.   'dressed ranks', troops drawn up in alignment.

l. 10.   *Grachten*: canals.

l. 24.   'the bright trumpet-call of death'.

l. 27.   *der Zapfenstreich*: military tattoo.

l. 30.   *Geviert* is a military formation, a 'square'.

An taube Ohren der Geschlechter

A poem about man's inability to learn from history. The dead
landscape of today reveals nothing of the glories of Carthage whose
destruction Polybios has chronicled in his *Histories* (Book 38, chapter
22). Shelley's *Ozymandias* uses a similar motif. The 'moral' of Huchel's
poem is that there is no one to heed the moral — words fall on
deaf ears.

l. 10.	*schwarze Kerzen* are the dark spikes of the rushes (*Röhricht*) mentioned in the previous line, *Wolle* refers to their downy seeds.
ll. 11–13.	The image of copper covered with verdigris is here superimposed on to that of a water-hole covered with a green film.
l. 15.	Scipio Africanus, the Roman general who destroyed Carthage in 146 B.C.
l. 19.	The Greek historian Polybios lived in the second century B.C.

Winterpsalm

Hans Mayer, to whom the poem is dedicated, has described the
background of hostility and frustration out of which it grew (*Doppel-
interpretationen*, ed. Domin, p. 98), but the dark mood and faint hope
of this psalm without God establishes itself without the help of such
biographical aids. Ingo Seidler (*Neue deutsche Hefte*, Jg. 14, Heft 5,
p. 24) has noted a metrical peculiarity: 'Freie Rhythmen herrschen
vor, kristallisieren sich aber bemerkenswert oft zum elegischen
Grundmotiv des adonischen Verses.' Adonic metre (dactyl followed
by spondee) asserts itself in lines 1, 8, 9, 10, 11, 20, 22.

The structure of the poem is described by Hans Mayer (*Doppel-
interpretationen*, pp. 98–9): 'Drei Strophen, die — scheinbar — ganz
verschiedenen Gattungsbereichen angehören: Bericht, Meditation,
Rückkehr zum Bericht und jäher Übergang zur Schlußfrage, die
eine Öffnung bedeutet. Ob zum Leben hin oder zu tödlichem
Verstummen, das wird hier nicht ausgemacht.'

l. 3.	*Mulde*: a depression or hollow. This was one of the images in which, according to the poet's own testimony, the poem originated: 'Wortklänge, Bild-visionen, auf kein Thema hin geordnet (träge Kälte des Himmels, Mulde im Schnee, Wind mit flacher

Schulter gelegen, Kehle des Schilfrohrs), das war alles
— ein paar Eisenspäne gewissermaßen, noch außerhalb
des magnetischen Feldes. Im späteren Prozeß das
Bild als Gleichnis . . .' (*Doppelinterpretationen*, p. 96).

ll. 9–12.   'Der Text ist ein Monolog, in den die Stimme des
Windes eingeht.' (Huchel, loc. cit.)

ll. 15–18.   Huchel calls these lines 'vier Zeilen eines Psalms.
Anruf in einer erstarrten, beklemmenden Landschaft.'
(loc. cit.)

ll. 15 ff.   'Der Leser wird seine eigenen Erfahrungen in den
Text legen und alles messen an seiner eigenen Haltung.
Es ist seiner inneren Einstellung überlassen, inwieweit
er die Stimme des Windes als mea res agitur empfindet
oder ob er die kreatürliche Angst vor der Gewalt (ich
will nicht Zeuge sein) als Schwäche verurteilt. Sind
nicht, wie ein verborgener Dialog, die beiden Stim-
men so gegeneinander gesetzt, daß im Zentrum des
Textes die Isolation gebrochen wird? Aber der
Monolog — als letzte, uneinnehmbare Position —
bleibt von der Stimme des Windes und vom Anruf
unberührt. Der Monolog kehrt am Schluß zu seinem
Ausgangspunkt (allein vor der trägen Kälte des
Himmels) zurück, er bietet keine Prophetie. Der
Monolog stellt die Frage, die nicht beantwortet
wird . . .' (Huchel, *Doppelinterpretationen*, p. 97).

Ophelia

A variation on a theme introduced into modern poetry by Rimbaud
(*Ophélie*) and treated in Germany by (among others) Georg Heym,
Georg Trakl, and the young Brecht. The images of barbed wire and
flying bullets introduced by Huchel into lines 8 and 14 may suggest
illegal crossing of frontiers and pursuit by armed guards. For another,
very different attempt to transpose the Ophelia theme into a modern
idiom compare Gerhard Rühm, *fenster. texte* (Reinbek, 1968),
pp. 94–6.

l. 15.   Cf. Gertrude's description of Ophelia's death in
Hamlet, iv.7: 'There is a willow grows aslant a
brook . . .'

GÜNTER EICH

Inventur

Inventur, 'stock-taking', is the classic example of *Kahlschlag* in German poetry after the collapse of 1945. A prisoner of war shows his possessions one by one, with a few descriptive and valuing comments and a little reticence (*ll.* 15–16). An analysis of the structure of this poem will be found in F. M. Fowler's essay on Eich (*Essays on Contemp. German Lit.*, ed. B. Keith-Smith (London, 1966), p. 100). Dr Fowler concludes: 'For all its unsensational parlando, the poem is cunningly constructed with a moving climax.'

ll. 1–3.	'Sogar die einfachsten Verhältnisse zur Umwelt muß er mittels des beschwörend wiederholten Possessivpronomens wiederherstellen und sichern.' (E. Krispyn, *The German Quarterly*, May 1967, p. 328.)
l. 21.	*Bleistiftmine*: 'refill' for a propelling pencil.

Abgelegene Gehöfte

Another, highly original, treatment of the theme of life far from the madding crowd and its relation to the great men and events of recorded history (cf. Lehmann's *Unberühmter Ort*, p. 47). The pattern of expectation is disrupted right at the beginning, where the less conventionally idyllic aspects of life in remote farmhouses are stressed. The final stanza seems about to return to this mood, but lines 13–16 bring a surprising poetic transmutation.

l. 4.	*Putz*: plaster.
l. 5.	*Mäander*: a winding river in Asia Minor.
l. 8.	*Brennesselstein*: rock embedded in stinging-nettles.
l. 10.	*verbellt*: drives away with barking.

Ende eines Sommers

'Das leise an Brecht erinnernde Motiv der Bäume, das in dem ersten Vers eingeführt wird, und die Früchte und Vögel, die in dem Mittelteil erwähnt werden, sind . . . im Sinne der Natursymbolik aufgefaßt. Der Vogelzug "mißt seinen Teil von Ewigkeit gelassen ab". Aber im Gegensatz zu früheren Gedichten, in denen die Natur nur als Zeichen der verlorenen und im Leben nie zu erreichenden Ewigkeit diente, stellt diese Symbolik jetzt eine Verbindung zwischen den beiden Bereichen her. Hierdurch wird das unabwendbare

Schicksal des Todes relativiert und verliert seine Grauenhaftigkeit . . .
In seiner kosmischen und überzeitlichen Thematik ist dieses Gedicht
typisch für die Mehrzahl der in *Botschaften des Regens* gesammelten
Texte . . .' (E. Krispyn, op. cit., p. 334).

l. 4.	The river becomes an image of Time itself.
l. 11.	*entsiegelt*: 'cracked' like a code.
l. 12.	A reference to the custom, in ancient Greece and elsewhere, of placing a coin under the tongue of the dead to pay for their passage across the river of death into the underworld.

Wo ich wohne

Feelings of unease are often conveyed, in modern poetry, by dream-
like absurdity and surrealistic distortion. Christoph Meckel super-
imposes a marine world onto our normal terrestrial one with very
similar effect in the opening stanza of his poem *Als ich nach Hause kam*
(*Nebelhörner*, Stuttgart, 1959).

l. 8.	'Above the tree-nurseries and gravel-pits.'
l. 14.	Cf. Meckel, op. cit.: 'Ich werde das Zimmer aufgeben.'

Betrachtet die Fingerspitzen

The analogy between modern political and social misrule and bubonic
plague has been introduced into modern literature by Albert Camus
in *La Peste* (first published 1947).

l. 10.	'Again and again we prepare for Good Fortune's visit.'

Der Mann in der blauen Jacke

The ancient *topos* of the artist's, or the sophisticated city-dweller's,
envy of the simple, perennial, patriarchal life has often been treated
in German literature (in Goethe's *Werther*, for instance) — Eich's
variation of it introduces, in the final line, a notably modern unease.

l. 5.	*Burma* must be given its German pronunciation, so that the alliterative and assonantic pattern (Mecklen-*burg*, *Burg*und) is preserved.
l. 8.	*beschlagen*: misted over.

Nachts

Compare Günter Eich's radio-play *Allah hat hundert Namen*. In the hundredth name of Allah, his worshippers believe, all the secrets of the universe lie hidden.

ll. 3–4.   probably an allusion to the (unfinished) Requiem Mass on which Wolfgang Amadeus Mozart (1756–1791) was working when he died.

Ende August

l. 2.   'between duckweed and reeds'.
l. 12.   'in the two head-lamp eyes'.

Brüder Grimm

The pattern partly followed, partly varied by this poem about neighbours and callers is that of a tale like 'Der Wolf und die sieben Geißlein' in the Grimms' *Kinder- und Hausmärchen*. The motif of distrusting one's elders and neighbours is a common one in modern German literature; it is often connected with failure to resolve the problems of the Nazi past. The brothers Grimm of the title are Jacob (1785–1863) and Wilhelm (1786–1859).

l. 1.   A variation on the 'burning bush' of Genesis 3.
l. 2.   An allusion to the proverb: 'Gebranntes Kind scheut das Feuer.'

Schluß eines Kriminalromans

The stereotyped, imagined situations of a detective novel merge with the actual situation of a reader who has just finished it.

l. 8.   *Impressum*: publisher's imprint.
l. 11.   *Indizien*: circumstantial evidence.

Fußnote zu Rom

l. 5.   *ausgespart*: reserved, left out.
l. 7.   a reference to the Japanese art of *ishi-gumi*: ceremonial, tasteful arrangement of stones on sand. Eich has called a volume of his poems *Anlässe und Steingärten*.

CHRISTINE LAVANT

Hilf mir, Sonne

The menace of blindness and deafness hangs over Christine Lavant herself; within the mythical universe that her formally strict and controlled poetry creates, she speaks with remarkable directness of personal problems and concerns.

l. 2.	*Teller* = *Handteller*: palm.
l. 3.	*Das gelobte Land* is a common German phrase for the 'Promised Land' of the Bible; it merges the meanings *gelobt*: 'promised', and *gelobt*: 'praised', 'glorious'. In Lavant's variation, the second of these meanings is clearly to the fore.
ll. 12–14.	the violent, physical image is characteristic of this poet's work.

Die Sterne funkeln

The avaricious 'half-moon-thorn' of lines 2 and 12 and the 'hunger-pit' of line 5 belong to the company of Christine Lavant's highly original metaphoric creations. It stands in dialectical relation to the *Geborgensein* (*l.* 15) of a normal room — yet without such menace life seems the less worth living (*l.* 16).

l. 18.	Cf. Christine Lavant's comment (*Doppelinterpretationen*, ed. Domin, p. 150) on *Die Stadt ist oben auferbaut* (see below): 'Dies Gedicht ist, wie fast alle anderen meiner Gedichte, der Versuch, eine — für mich notwendige — Selbstanklage verschlüsselt auszusagen.'
ll. 19–20.	'A spasm twists into a paternoster-berry the fingers raised to ward off menace.' The *Vaterunser-Beere* is Christine Lavant's own creation.

Die Stadt ist oben auferbaut

Imagery associated with the Christian religion and its founder (the City of God, the crowing cock, the lamb, the bridegroom, the dove) is used in a boldly personal and original way. The formal pattern of the poem has been well described by Beda Allemann (*Doppelinterpretationen*, ed. Domin, p. 151): 'In unserem Gedicht ist es lediglich der Mittelteil, der Reimpaare aufweist. Die ersten und dann wieder die letzten vier Verse reimen nach einem andern Schema: Kreuzreim am Anfang, umarmender Reim am Schluß des Gedichtes . . . Die syntaktischen Grenzen sind durch ihre metrische Profilierung stark herausgehoben, gleichzeitig aber sorgt das Reimschema dafür, daß sie wieder überspielt werden . . .'

l. 3.   *Knabenkraut*: orchids. For the figure of the 'Närrin', cf. Beda Allemann, ibid., p. 152: 'In dem Gedicht der C.L. fällt auf, wie weit die Identifikation mit der Gestalt der Irren getrieben ist . . . Die Närrin dieses Gedichts steht genau an der Stelle, die in der Regel das lyrische Ich einnimmt. Der Ort der Närrin im Knabenkraut ist in die Spannung zwischen einem einfachen Oben und Unten gestellt. Es ist ein radikal unvertrauter Ort.'

l. 4.   *Unglücksträhne*: 'streak of bad luck'; *Strähne* is here taken literally, however, and transformed into something analogous to a skein of wool, something the *Närrin* can use for knitting.

l. 14.   A surrealist image. Laughter transforms itself into a squinting eye that rolls through the orchids.

Im Lauchbeet hockt

In this nightmare poem, the *Wurzelfrau* has her counterpart in many old women who grow, and sell, root-vegetables for a living; but she is also a witch akin to the roots among which she works. Beda Allemann rightly speaks of 'Chiffren für eine rätselhaft lyrische Verstrickung ins Kreatürliche' (*Doppelinterpretationen*, ed. Domin, p. 155).

l. 16.   vertrösten: to feed with promises.

Kreuzzertretung

This poem grows out of two meanings of *Kreuz*: Christ's *cross* and the *backbone* of a dog broken by a kick. The dog's sufferings are constantly spoken of in terms of the Passion — line 2 recalls the seven words from the Cross, line 3 the descent into hell, line 5 the rending of the temple curtain and so on. The final line of this 'blasphemously religious' poem brings one of the most powerful evocations in modern literature of the terrifying, uncanny aspect of the divine.

l. 7.   'The Lord deputed a "representative".' Readers of Rolf Hochhuth's play *Der Stellvertreter* (1963) will be aware of the multiple suggestions of *stellvertreten* in this context.

l. 8. *versponnen*: 'cocooned', 'wrapt in thought'.

l. 12. *aufgebrochnen Augensternen*: a variation of *brechende Augen*, eyes 'breaking' in death. *Aufgebrochen* suggests violence, *Sterne* a cosmic context. (*Augenstern*: pupil, iris.)

l. 15. *Balg* is an animal's hide — here used, in a parody of contempt, for the dying animal itself.

l. 18. 'By force of its disgrace it rose again.' *Auferstanden* has strong religious overtones.

Fragt nicht

The peacock's call, as Anouilh's *Ardèle* has impressed on a generation of theatregoers, is nobly unmelodious. Christine Lavant has called the collection in which this poem appears *Der Pfauenschrei*.

l. 8. The 'purgatory-bud' is yet another of Christine Lavant's transmutations of the sights and sounds of her village-home into embodiments of sin, guilt or prayer.

Auf der elften Fichtenstufe

l. 3. When applied to a step or stair, *ausgetreten* means 'worn away by many feet'; it has a much more violent connotation when applied to *Augen*. Cf. the *aufgebrochnen Augensterne* of *Kreuzzertretung*. The theme of blindness pervades Christine Lavant's poetry.

ll. 13–14. The politeness of these 'turnip-bellies frozen blue' is characteristically grotesque.

JOHANNES BOBROWSKI

Pruzzische Elegie

Pruzzen were a people of Slavic stock who once inhabited the country between the lower Vistula, the Baltic, the Njemen, and the Mazurian lakes. From the tenth century onwards, attempts were made to Christianize them by force; in the twelfth and thirteenth centuries they were subjugated and almost completely exterminated by the Knights of the Teutonic Order.

This poem was written in 1952. Its theme, and that of many others by Bobrowski, has been described by the poet himself in a note written for Hans Bender's anthology *Widerspiel* (München, 1962): 'Zu schreiben habe ich begonnen am Ilmensee 1941, über russische Landschaft, aber als Fremder, als Deutscher. Daraus ist ein Thema geworden, ungefähr: die Deutschen und der europäische Osten. Weil ich um die Memel herum aufgewachsen bin, wo Polen, Litauer, Russen, Deutsche miteinander lebten, unter ihnen allen die Judenheit. Eine lange Geschichte aus Unglück und Verschuldung, seit den Tagen des deutschen Ordens, die meinem Volk zu Buch steht. Wohl nicht zu tilgen und zu sühnen, aber eine Hoffnung wert und einen redlichen Versuch in deutschen Gedichten. Zu Hilfe habe ich einen Zuchtmeister: Klopstock.' (op. cit., p. 160.)

ll. 17 f.　'Where we shuddered at the smoke of victims in sacrificial groves.'

l. 24.　'How rumour hung in its branches!'

l. 29.　'How we heard then what remained of an echo, rotting, dully discoloured!'

l. 38.　*Haffe* are fresh-water lakes near the Baltic coast.

ll. 43 ff.　'Bobrowski's work is partly prompted by the wish to expiate the work of the Teutonic Order which virtually destroyed the Prussian people and its pagan culture in the thirteenth and fourteenth centuries. This is one of the main reasons why he seeks to re-create this world of Balto-Slav mythology, of Perkuno (O. Pruss. *percunis* "thunder"), the Baltic supreme thunder-god (identical with the Russian Pjerun); Pikollo (O. Pruss. *pickuls* "devil", *golis* "death") or Patollo (O. Pruss. *pa-tolus* "under-world"), god of the underworld; Potrimpo, the corn-spirit . . .' (P. Bridgwater, *Forum for Modern Language Studies* (1966), p. 322.)

ll. 48–51.　These lines recall what happened in Eastern Europe in Bobrowski's own time. 'Ich glaube auch', he said in a radio interview in November 1964, 'daß es nicht Aufgabe des Schriftstellers ist, vergangene Zeit zu repräsentieren aus sich heraus, sondern immer von der Gegenwart her gesehen und auf die Gegenwart hin wirkend, daß sich also diese Bereiche, der historische Bereich und die zeitgenössische Zeugenschaft, ständig durchdringen.' (Johannes Bobrowski: *Selbst-zeugnisse und Beiträge über sein Werk*, Berlin, 1967, p. 56.)

Kindheit

A pæan to the East Prussian landscape and its figures — the land-scape and figures of the poet's childhood. People of many races mingled there. Memories of later bloodshed intrude. The opening in the middle of a thought-process combines with short lines and many enjambements to give a sense of flow which is characteristic of Bobrowski's poetry and aptly conveys the process of *entgleiten* described in the final lines of this poem. Britta Titel (*Schriftsteller der Gegenwart*, ed. Nonnenmann (Olten, 1963)) has well described how this 'gliding' process counters the often deliberately halting movement of B.'s verse: 'Kein Legato, kein Gleiten, sondern harte Fügung . . . Wo die Brechung, die Aufhebung der geläufigen syntaktischen Abfolge und Ausführlichkeit durch Apposition oder Invertion nicht gegeben ist, wird das Enjambement zu Hilfe genommen und so, mindestens formal, eine Brechung erreicht, eine Zäsur, die beim Lesen zum Absetzen zwingt. Meist erfolgt auf die dichte, harte Fügung eine Auflockerung, eine Auflösung, die rhythmisch wie ein Ausatmen wirkt, oft am Ende der Strophe oder auch in ihrer Mitte, während sie am Anfang meistens geballt ist.' (p. 53.) Britta Titel's analysis of *Kindheit* (op. cit., p. 52) includes the observation: 'Die Bilder der Kindheit selbst — sieben Stationen des Tages, vom morgendlichen Glockenklingen bis zur Nacht — rücken in die Distanz, sie sind im reinen Imperfekt, einem für die Lyrik unge-wöhnlichen Tempus "erzählt". Man spürt den Willen zu strenger Stilisierung, die das Intime solcher Kindheitserinnerungen objekti-vieren, das Schwärmerische zurücknehmen soll; spürt die Absicht, den Bildern etwas Exemplarisches zu geben . . .'

l. 2.   *Pirol*: the (golden) oriole.
l. 26.   'The murmuring of bees uprose like a cloud.'
ll. 27–31. 'Later the silver rattle of fear traverses the thorny thicket by the reedy lake; darkness, like a hedge, overgrew window and door.'
l. 37.   'Night, its long branches reaching into silence . . .' — The aposiopesis with which this poem ends is a formal equivalent of such reaching into the unsaid. In a way, the poem begins again — *l.* 40 repeats the title, *l.* 41 the opening lines.

Die Frauen der Nehrungsfischer

'The topography . . . is that of the Baltic coast, where the typical *Haff* (open bay) has been cut off from the sea by an accreted strip of land (*Nehrung*). The poem is based on the history of the area, notably the fact that the previous rich herring-shoals disappeared from the Baltic at the end of the fourteenth century, thus profoundly affecting the life of the region . . . Many of B.'s best poems are, like this one, narrative poems or poems with a strong narrative element. He was a born storyteller.' (Bridgwater, op. cit., p. 328.)

l. 4.   *klirrend* suggests dryness and cold.
l. 10.   *Netzzug*: 'the haul'.

Wagenfahrt

The invocation, almost conjuration, of the opening is characteristic. The names of the town (Mariampol) and the horse-dealer (Joneleit) suggest Eastern Europe. The world evoked in this poem has many affinities with that of Marc Chagall, to whom one of Bobrowski's poems pays tribute.

l. 21.   *Raute*: rue.

Hölderlin in Tübingen

Friedrich Hölderlin (1770–1843) spent his last years in mental darkness: compare note on lines 1–7 of Gottfried Benn's *Kann keine Trauer sein*. In this poem, the counter-pull to the flow of Bobrowski's verse may be clearly observed — many pauses, involuted syntax and sentences left grammatically incomplete, suggest difficulties in the way of poetic exploration. In this Bobrowski's poetry strongly resembles that of the later Hölderlin to whom this poem pays tribute. Britta Titel (op. cit., p. 55) has well described the contrast between a sense of heaviness and a longing for light and ease which pervades B.'s poetry. In *Hölderlin in Tübingen*, she declares, 'ist dieser Gegensatz als untergründiges Thema nur an den gegensätzlichen Metaphern abzulesen . . .: dem beweglichen Wasser und der Schwere der Mauern, des Turms; dem Schatten, der auf den grünen Fluß fällt; dem "Drehn der eisernen Fahnen" '.

ll. 12–13 and 19–20.   Cf. the end of Hölderlin's *Hälfte des Lebens*: 'Die Mauern stehn / Sprachlos und kalt, im Winde / Klirren die Fahnen.' Brobrowski's *eiserne Fahnen* are weather-vanes.

Bericht

The photograph described in this poem exists: it is reproduced in
Johannes Bobrowski. Selbstzeugnisse und Beiträge über sein Werk (Berlin,
1967), p. 81. B. found the photograph reproduced in a documentary
publication entitled *Der gelbe Stern — Die Judenverfolgung in Europa
1933 bis 1945* (Hamburg, 1960) where it appeared with the following
note: 'Dieses Mädchen ist eine der wenigen, deren Bild und Namen
die Henker hinterlassen haben. Bajla Gelblung entfloh einem Todes-
transport aus dem Warschauer Ghetto und ging zu den Partisanen.
Als sie in Brest-Litowsk verhaftet wurde, trug sie einen polnischen
Militärmantel.' Transportation from the ghetto set up by the
Germans in Warsaw during the last war meant death in the gas-
chambers.

Dorfmusik

'A poem seemingly untypical since it is rhymed and close to folksong.
Yet the traditions of folksong has blended with that of learned,
classical or classicizing poetry in all of Bobrowski's work . . . [*Dorf-
musik*] is at once highly individual and utterly unindividualistic;
and B.'s whole art consisted in subordinating his personality to a
theme. Here it is relevant to mention his interest in music, and his
extraordinary knowledge of the more obscure composers of the
sixteenth, seventeenth and eighteenth centuries whose music he
played on the harpsichord . . . In [*Dorfmusik*], a poem about his
own death, he presents himself as a man like any other, yet in verse as
distinguished and delicate as was everything he did.' (Michael
Hamburger, in a programme on Bobrowski's work broadcast by the
B.B.C. Third Programme in 1966.)

l. 10.   Cf. Matthew 7: 26: 'Und wer diese meine Rede hört
             und tut sie nicht, der ist einem törichten Mann gleich,
             der sein Haus auf Sand baute.'

l. 11.   Originally *Angebinde* meant the bow or love-knot tied
             to a knight by the lady he loved; later it came to
             mean a present made on some festive occasion (like a
             birthday or saint's day).

l. 24.   *zuendgenarrt*: fooled to the end.

Im Strom

One of several modern poems in which No one, *Niemand*, becomes, almost, a palpable presence. Compare Celan's *Psalm* (p. 105), Enzensberger's *ode an niemand* and Urs Oberlin's *Niemand*.

ll. 7–11.   Suggested by Matthew 14: 8–11, and Mark 6: 24–8.

Sprache

'Das Gedicht — es fragt nach dem Sinn der Sprache — arbeitet mit drei Bildern, die, so nebeneinander gerückt, zueinander in Beziehung treten . . . Danach kommt dem Baum die Erhabenheit und Anmut der Natur zu, dem Stein Ewigkeit und Dauer. Die Sprache hingegen befindet sich in ständiger Unruhe, unterwegs auf dem nichtenden Weg zum Mitmenschen, und diese Bewegung verleiht ihr große Gestalt, daß sie neben der wirklichen Natur bestehen kann. Ihre Dauer heißt Mühe und ihre Schönheit Veränderung. So gleicht sie dem Menschen selbst.' G. Wolf, *Johannes Bobrowski. Leben und Werk* (Berlin, 1967), p. 41). The structure of the poem reflects this thematic development. Stanzas 1 and 2 sink to rest on the cadences of the short lines 'der Stille', 'für ewig'; there is no such sinking, no such diminution in the final stanza. Hölderlin's *Hyperions Schicksalslied* has a similar structure. An analysis of this and other poems by Bobrowski will be found in Renate v. Heydebrand's 'Engagierte Esoterik. Die Gedichte Johannes Bobrowskis' (*Wissenschaft als Dialog. Studien zur Lit. und Kunst der Jahrhundertwende*, ed. R. v. Heydebrand and K. G. Just (Stuttgart, 1959), pp. 386–450).

Das Wort Mensch

l. 3.   Konrad Duden's *Orthographisches Wörterbuch der deutschen Sprache* was first published in 1880 — it has since been continually revised and in continuous use.

PAUL CELAN

Espenbaum

This poem has been well described and analysed by Leonard Forster (in a *Festschrift* presented to Wolfdietrich Rasch: *Wissenschaft als Dialog. Studien zur Literatur und Kunst seit der Jahrhundertwende*, ed. R. v. Heydebrand and K. G. Just, Stuttgart, 1969). Forster points out how Celan has here used and varied motifs common in Rumanian folk-poetry — Celan was born in Rumania and may here be drawing on memories of his youth.

Each couplet opens with an invocation that breaks the line, forcing the voice to pause after the first noun. This contrasts deliberately with the unbroken flow of the lines that speak of the lost mother.

Firges (see note on *Die Krüge*, below) lists 'das Muttermotiv' among the chief *Motivkreise* of Celan's poetry; others are 'das Schwestermotiv, das Trank- und Speisemotiv, das Tränenmotiv, das Zeit-Motiv, das Wort-Motiv' (p. 58). Kurt Oppens adds 'Stein, Nacht, Halm, Baum, Blatt' and shows how these pervade all Celan's work: 'Celans Gedichte kreisen um eine Reihe numerisch begrenzter, immer wiederkehrender Bildsymbole, als folgten sie den Gesetzen einer Art von Zwölftonmusik' (*Merkur*, xviii, 1963, pp. 175–93). Like many of Celan's poems, *Espenbaum* has autobiographical relevance.

Todesfuge

This is probably the most famous poem written in German since 1945. It is justly called a 'fugue' because of the interplay of a number of motifs repeated, with variations, in the course of the poem: Jews digging their own graves while fellow-sufferers are forced to play music; the blue-eyed German who writes nostalgic letters home between executions; the snakes he plays with; the blonde hair of the German and the ashen hair of the Jewish girl; the image of 'black milk of dawn', suggesting suffering and the perversion of time. The beauty of sound which distinguishes this poem is part of its theme: the contrast of an ugly cruel death and the forced dance-music that mocks it, the contrast and affinity between German love of music and German 'mastery' of death, the terrible idea of 'playing' with the death of others. The opening metaphor may have been suggested by Rimbaud's *Les Déserts de l'amour*: 'Emu jusqu' à la mort par le murmure du lait du matin . . .'

l. 15.   Cf. Song of Songs 7: 1 and *passim*.

ll. 30–1.   A striking use of rhyme in an otherwise unrhymed poem.

Die Krüge

In this strange, visionary poem, the usual relations between men and utensils are reversed — but Celan evokes *die Krüge Gottes*, not ordinary vessels. The final line brings an impressive symbol for that inability to assimilate and contain experience which so many modern poets have lamented. 'Essen und Trinken stehen in der Lyrik Celans als Chiffren für die Aufnahme und Assimilation der Erlebniswirklichkeit' (J. Firges, *Die Gestaltungsschichten in der Lyrik Paul Celans . . .*, 1959, p. 97). An analysis of this poem by Wilfried Buch (*Kristalle*, 1967, p. 185 ff.) cites several relevant proverbs and Bible-passages, including Psalms 56: 9: 'Fasse meine Tränen in Deinen Krug, ohne Zweifel, du zählst sie.'

Abend der Worte

The 'genitive metaphor' with which this poem begins transforms a landscape of experience into a landscape of words, an outer into an inner world. 'Immer und durch alle Stilwandlungen hindurch beschwört er die innere, nicht die äußere Welt. Aber diesen innern Erlebnissen leiht er Gestalt und Bewegung der äußern Dinge . . . Er hat die Außenwelt in sich hineingenommen und springt dort in der kühnsten Weise mit ihr um.' (M. L. Kaschnitz.) The strangeness of this inner world cannot, however, hide its relation to remembered terrors: Celan's images suggest blood and wounds and tearing dogs, and — in the final lines — a return of the past, a return of the repressed.

l. 1.   *Rutengänger* = dowser, user of a divining-rod in search of water or minerals.

Tenebrae

Tenebrae means 'darkness'; the Vulgate uses this word where the Authorized Version has 'darkness' in Genesis 1: 2 ('and darkness was upon the face of the deep'), John 1: 5 ('and the light shineth in darkness') and Luke 23: 44 ('And it was about the sixth hour, and there was darkness over all the earth until the ninth hour'). It is also the name given to a Roman Catholic religious service: the hours of Matins and Lauds for Holy Thursday, Good Friday, and Holy Saturday. 'Im Gegensatz zur Tradition fordern hier die Menschen von Gott, daß er zu ihnen bete . . . Es wäre indes nicht angebracht, die Erinnerungen an Christus als deutlich definiertes Thema zu vernehmen. Sie werden durch ihre Verallgemeinerung zu einer neuen Form der Gültigkeit erweitert, die die umgrenzten Felder christlicher Tradition sprengt.' (Bernhard Böschenstein.) A thorough structural analysis of this poem will be found in Ruth Lorbe's *Lyrische Standpunkte. Interpretationen moderner Gedichte*, 1968, pp. 143–54, which sees the words 'ineinander verkrallt' as a key to the poem's content and form.

ll. 1–2.	Contrast the opening of Hölderlin's *Patmos*: 'Nah ist / Und schwer zu fassen der Gott.' Like Hölderlin, Celan probably intends reference to such Biblical passages as Psalm 34: 19 ('Der Herr ist nah'), Psalm 119: 151 ('Du bist nahe, o Herr'), and Psalm 145: 18 (Der Herr ist nahe').
l. 12.	*Maar* = depression in the ground, usually of volcanic origin; small volcanic lake.

Psalm

As in *Todesfuge*, the 'lyric I' speaks for a group with which it identifies itself; 'seine Einsamkeit', M. L. Kaschnitz has said of Celan, 'ist beständig auf der Suche nach Kommunikation, er spricht nicht für sich selbst, sondern für sich *und* die andern, deren Ängste und Hoffnungen die seinen sind'. (*Jahrbuch der Deutschen Akademie für Sprache und Dichtung*, 1961, p. 73.) The speakers of this 'psalm', in which No-one replaces the God of the Bible, wring praise out of annihilation and the memory of suffering. A full analysis of this strange poem and its relationship to the Biblical psalms will be found in Peter Paul Schwarz's *Totengedächtnis und dialogische Polarität in der Lyrik Paul Celans*, 1966, pp. 51–4. For a correction of Schwarz's view that it is only the *dead* who speak in this poem, see P. H. Neumann, *Zur Lyrik Paul Celans*, 1968, pp. 53–4.

ll. 1–2.	contrast Genesis 2: 7: 'Und Gott der Herr machte den Menschen aus einem Erdenkloß, und er blies ihm den lebendigen Odem in seine Nase. Und also ward der Mensch eine lebendige Seele.'
ll. 12–13.	Cf. the epitaph Rilke wrote for his own gravestone: 'Rose, oh reiner Widerspruch, Lust / Niemandes Schlaf zu sein unter soviel / Lidern.' The volume of poems by Paul Celan in which *Psalm* appears bears the title *Die Niemandsrose*.
ll. 15–17.	*Griffel*, *Staubfaden* and *Krone* have botanical meanings: 'pistil', 'stamens', 'corolla' — but secondary meanings ('stylus' — the traditional tool of poets — 'dust' and 'crown') also come into play.

Tübingen, Jänner

Another tribute to Hölderlin. The 'towers' of line 7 and the 'cabinet-makers' of line 9 have their origin in facts of Hölderlin's later life (see note on Benn's *Kann keine Trauer sein*, p. 54), but have been strangely transmuted in this inner world behind eyes 'persuaded to blindness'. One central theme of the poem is the difficulty of communication of which Celan had spoken, in October 1960, when he accepted the Georg-Büchner-Preis: 'Das Gedicht zeigt, das ist unverkennbar, eine starke Neigung zum Verstummen. Es behauptet sich . . . am Rande seiner selbst; es ruft und holt sich, um bestehen zu können, unausgesetzt aus seinem Schon-nicht-mehr in sein Immer-noch zurück.' *Jänner* is an Austrian form of *Januar*.

ll. 3–5.   The quotation comes from Hölderlin's poem *Der Rhein*.

l. 23.   'Von jenen . . ., die den altgewordenen, geistes-verwirrten Hölderlin zu Tübingen in seinem Turm aufzusuchen pflegten, wurde berichtet, er habe in Augenblicken großer Erregtheit eben diese Worte hervorgestoßen:"Pallaksch, Pallaksch".'(Hans Mayer, *Zur dt. Lit. d. Zeit*, p. 77.) Christian Theodor Schwab—who heard Hölderlin utter these words — reports that he used 'Pallaksch' for both 'yes' and 'no'.

Hawdalah

The Hebrew word of the title means, literally, 'separation', particularly between the holy and the profane; hence specifically the formula recited by observant Jews at the end of the Sabbath to mark its separation from an ordinary weekday. The paradoxes of this poem (*spinnst du . . . Umsponnener, ins Freie . . . ins Gebundene*), and its creation of an *Unland* (cf. *Niemandsrose!*), are characteristic of Celan. So is its address of an unspecified *Du*. Celan has spoken, in his Büchner–Preis acceptance speech, of a *Geheimnis der Begegnung* at the centre of poetry: 'Das Gedicht will zu einem Andern, es braucht dieses Andere, es braucht ein Gegenüber. Es sucht es auf, es spricht ihm zu . . . Das Gedicht wird Gespräch — oft ist es ein verzweifeltes Gespräch.' J. K. Lyon has distinguished five different aspects of the *Du* encountered by the *Ich* of Celan's poetry: *Du* is sometimes the dead mother, sometimes a beloved, sometimes a word, most often 'the poet's creative self' or the Wholly Other (*das ganz Andere*).

l. 3.   For the importance of the *Faden* (thread) image in Paul Celan's work, see note on the next poem.

Fadensonnen

This and the following poems show the laconic spareness of Celan's later work. In his postscript to the *edition suhrkamp* selection of Celan's poetry, Beda Allemann has suggested one of the meanings that attach to the 'thread' image: 'Der "Faden", auf den der dichterische Ort sich reduziert, steht für das Strukturprinzip des unablässigen Aufspürens von Beziehungen, durch das die Gedichte sich Welt heranholen ... Der lyrische Begriff des "Fadens" ... gehört zu einem wichtigen Komplex verwandter Nennungen wie "Garn", "Spur", "Strahl", "Netz", "Gespinst", "Schleier", "Schliere" ' (pp. 161–2). *Fadensonnen* is the title, not only of this poem, but also of a collected volume of P.C.'s poetry.

    l. 2.   *Ödnis* = a desert, a Waste Land.

Ein Dröhnen

P. H. Neumann sees this poem as an exemplification of what he calls 'Celans *mystische Wende*'. 'Es spricht die Sprache einer Verkündigung, und das Verkündete allein ist es, welches im bis dahin in Celans Gedichten tabuierten Wort "Wahrheit" ... die Grenze der Dichtersprache von außenher durchbricht.' (op. cit., p. 79.)

    l. 6.   *Metapherngestöber*: formed on the analogy of *Schneegestöber*, 'snow-drift' or 'snow-storm'. The word exemplifies 'wie ausdrücklich die gesuchte Wirklichkeit und ihre sprachliche Nennung bei Celan verkettet sind'. (Beda Allemann, *Schriftsteller der Gegenwart*, ed. K. Nonnenmann, p. 74.)

Einmal

    l. 8.   'Das im Neuhochdeutschen befremdliche Verbum "ichten" — mittelhochdeutsch *ihten, zu etwas machen* — rückt Celan in unmittelbare Nachbarschaft von "vernichtet" ... Als wären sie aus gleicher Wurzel gebildet, so gehen hier Nichts, "iht" und Licht auseinander hervor. Doch auch das *Ich*, das im "Licht" seine Rettung erfährt, klingt noch in ihnen mit.' (P. H. Neumann, op. cit., p. 25.) 'Paul Celan has pointed out to me that "ichten" primarily is a verbal form derived from the pronoun "ich".' (Michael Hamburger, *The Truth of Poetry*, p. 293.)

HELMUT HEISSENBÜTTEL

Kombination XI

The key to this text may be found in its last section (*ll.* 15–16). It is the work of a poet convinced of the inadequacy of conventionally structured and combined sentences to formulate the questions and capture the fleeting thoughts of modern men. He therefore tries to convey a series of related and interpenetrating impressions and memories through a juxtaposition of complete sentences and sentence-fragments. Rhythmic, verbal and thematic parallels structure a text which breaks through the conventional divisions of prose and poetry: 'Die Frage', Heißenbüttel has said about a text by Gertrude Stein, 'ob es sich um ein Stück Prosa oder um ein Gedicht handelt, ist unwesentlich, da die traditionellen Gattungsbegriffe nicht verbindlich sind.' (*Über Literatur* (1966), p. 17.) Compare Walter R. Fuchs's analysis of this poem in *Lyrik unserer Jahrhundertmitte* (1965), p. 97 f. and Walter Jens's in *Dt. Lit. d. Gegenwart*, dtv, 1964, pp. 121–3.

l.	2.	The scene is Hamburg on the river Alster.
ll.	5, 6, 9.	*Dunkelkammer* and *unbelichtet* are terms from photography: 'darkroom', 'not exposed'.

Einfache Sätze

Another example of *Kahlschlag*, an attempt to achieve a new simplicity of utterance. An explication may be found in Paul K. Kurz's *Über moderne Literatur. Standorte und Deutungen* (1967), pp. 209–11.

Heimweh

The functions performed in traditional poetry by regular metre and rhyme are here taken over by parallelism of construction. The final lines achieve notable intensity through repetition, and through the typographical separation of lines 14 and 15.

l.	1.	*Papenburg*: a small town in East Frisia.
l.	3.	*Torfschuppen*: a shed for storing peat.
l.	5.	*Kommißspinde*: cupboards for the use of army privates.
l.	10.	Carl Dreyer directed the film *La Passion de Jeanne d'Arc* in 1927. The face which so impressed itself on the 'I' that speaks in this poem was that of the actress Maria Falconetti.

Interieur

l. 1.   The primary meaning of *Hüte* is 'hats' (one item in a catalogue of things that tell of the years that have gone); but it can also be read as an imperative of the verb *hüten*, an appeal to 'guard' these things. This double impression persists only until line 4: *der Kalender* (nominative!) can clearly not be the object of an imperative verb.

l. 3.   Cowrie-shells are found in abundance in the Indian Ocean and used as money in parts of Africa and Southern Asia.

ll. 6–7. *abgelagert*: deposited, left behind.

Pamphlet

A montage of phrases from newspapers. Heissenbüttel has stressed that he uses such montage techniques not 'aus formaler Spielerei oder sprachlicher Probierfreude', but in order to express something. What the 'something' to be expressed is, may be gauged from the poet's comment on a later, more elaborate text: 'In *Cinemascope* ist die Thematik mehr auf ein politisch-polemisch-weltanschauliches Vokabular gerichtet, nicht um es seiner Schlagworthaftigkeit zu überführen, sondern um noch aus den abgegriffenen Vokabeln der Tagesparolen, indem man sie in eine Art immer wieder gebrochene, bezugsundeutliche, syntaktische Form versetzt, Ausdruck zu gewinnen für die Verzweiflung dessen, der innerhalb des Leerlaufs von der Sorge um das Allgemeine nicht verlassen wird.' (*Über Literatur*, p. 229.)

l. 6.   *Diesbezüglichkeiten* is an abstract noun formed from *diesbezüglich*, 'relating hereto'. It belongs to the language of officialdom and 'organization man'.

Lehrgedicht über Geschichte 1954

In *Doppelinterpretationen* (ed. Domin), H.H. has confessed himself fascinated by the processes of memory: 'die Tätigkeit der Rekapitulation, des Zurückblickens auf etwas, was Spuren des Früheren bewahrte'; he also describes what he terms *Vernebelungstendenz*, the inability to recall, which goes counter to conscious 'Wiederhinwendung zu dem, was schon fast untergegangen schien'. He connects such failures of memory with a poisoned past, speaking of 'Verderbnis der privaten Erinnerung, des gutgläubig Vorhandengewesenen, des Jungseins, durch das Allgemeine, ein zeitgeschichtliches oder politisches Moment' (pp. 320–3).

ll. 1–2.   Cf. Exodus 15: 19 and 21.

l. 5.   Napoleon crossed the river Beresina during his ill-fated Russian campaign in November 1812.

l. 6.   Sculptures by Giovanni Pisano (*c.* 1250–1328) decorate the chancel in the Church of Campo Santo at Pisa. *Ecce Homo* was Nietzsche's last completed work. K.Z.s: *Konzentrationslager*.

l. 7.   The quotation comes from *De la démocratie en Amérique*, Part 1 (1835) by Alexis de Tocqueville (1805–59).

l. 8.   Anton von Webern (1883–1945), a composer who developed further the twelve-tone techniques of his Master Arnold Schönberg.

l. 9.   Piero della Francesca (*c.* 1420–92), a painter of the Italian Renaissance whose art has been described by Bernard Berenson as the polar opposite of the 'eloquent, passionate, frantic, grotesque, jocose, even droll' art of the Nordic peoples.

Katalog der Unbelehrbaren

The problem posed by Heissenbüttel's 'catalogue' is one that agitates many other poets in this anthology: that of *unbewältigte Vergangenheit* or — more specifically — of *not* learning from the past.

l. 5.   *sie haben nicht kapiert was los ist*: 'they haven't understood what's up', 'they haven't cottoned on.'

l. 6.   *und sie es noch einmal schaffen*: 'and they'll manage it again' (or: 'they'll swing it again').

l. 9.   *nachlassen*: give up.

ERNST JANDL

Jandl's own reading of the poems marked * below may be heard on a gramophone record issued by the Klaus Wagenbach Verlag, Berlin: *Laut und Luise*, Quartplatte 2.

die zeit vergeht

The triangular shape of the poem is part of its intended aesthetic effect — but more important is its *sound*. The word *lustig* is dismembered into *lus* (which sounds like an urgent *los!*, 'let's go!'), *Lust*, and *tig* (pronounced *tick*, the noise made by a clock). The more and more urgent call to enjoyment is answered by a longer and longer reminder of the passing of time.

oberflächenübersetzung

A language-game in which Wordsworth's English words are replaced by German words as near as possible in sound (though not in sense) to the original.

*ode auf N

A characteristically grotesque sound-poem (*Lautgedicht*): an ode to the letter 'N' whose elements soon begin to reveal themselves as fragments of the name *Napoleon*. When read by Jandl himself, the poem shows itself to be a protest against the dignity accorded to conquerors, and against the senseless drilling and killing their conquests entail.

*schtzngrmm

The word *Schützengraben*, in a clenched-teeth pronunciation that reduces it to a series of consonants, is dismembered to make a sound-picture of a battle ending with the death of the soldier whose experiences are re-enacted. The final line suggests at once the sound of shooting and the word *tot*.

*fragment

The words which appear only as fragments are probably *rettung*, *bald, übermorgen, atombombe, pfarrer*.

*viel vieh

The word *Philosophie* is dissolved into the elements *viel, vieh, o, so, solo, Sophie*, and then rearranged to form a grotesque lament: the study of philosophy seems to reduce its devotees to a cattle-like state and makes them leave poor Sophie so much alone (*o so solo Sophie*).

INGEBORG BACHMANN

Alle Tage

A radical re-examination of the notion of heroism, rendered necessary above all by the use the National Socialists had made of the words *Held* and *heldisch*. Günter Blöcker has said of this poem: '[Bachmann] hat den Mut, Zeiterscheinungen ganz unmittelbar anzusprechen, in einem lyrischen Plakatstil von hämmernder Eindringlichkeit.' (In J. Kaiser and others, *Ingeborg Bachmann. Eine Einführung* (München, 1963), p. 24.)

ll. 7–8.   These lines illustrate what Blöcker calls (loc. cit.) 'das eigentümliche Ineinander und Übereinander von Gegenständlichkeit und Abstraktion' in I.B.'s poetry. The 'star of hope' becomes the star of an order, a decoration for valour. George C Schoolfield, in his essay on Bachmann in *Essays on Contemporary Literature*, ed. Keith-Smith, p. 191, comments: 'The star sewn onto a garment . . . reminds us inevitably of the Star of David which the Third Reich bestowed upon its Jewish citizens. It has become, almost magically, a pathetic star of hope, to which we must hold if we do not wish to be reduced to uniformed sheep . . .'

Früher Mittag

Leonard Forster (*Forum for Modern Language Studies*, Oct. 1966, p. 296) says of Ingeborg Bachmann's montage techniques: 'She is not playing a game with culture, as people in the middle ages did when they wrote centos with verses from Virgil. She is making an extremely modern statement. Tradition is seen as something venerable and, as with Eliot, the present is measured against it. But it is also seen to be phoney, a patriarchal tradition in which the horrors of the recent past could strike root and flourish.'

l. 1.   *eröffnet* sounds a deliberately strange note in this idyllic opening. It is as though the summer had been caught up in the ceremonial activities of our organized society: cf. 'ein Testament, eine Sitzung, eine neue Autobahn, ein Konto eröffnen'.

l. 11.   'Genitive metaphors' are common in modern German poetry since Rilke: cf. *ll.* 25–6 of *Früher Mittag*. They enable the poet to unite concrete and abstract in one unified phrase.

l. 13.　　Cf. Brecht's *Vor acht Jahren* (p. 69) and the note on that poem.

l. 15.　　This is the opening line of one of Schubert's most famous *Lieder* (text bei Wilhelm Müller, 1794–1827). Cf. Thomas Mann's analysis of its Romantic appeal in the chapter of *Der Zauberberg* entitled *Fülle des Wohllauts*.

ll. 16–17 and 21–2.　　Allusions to Goethe's *Der König von Thule*, a ballad sung by Gretchen in *Faust*, I (*Abend*, *ll.* 2759 ff.).

ll. 25–7.　　An inversion of the Prometheus legend: not Prometheus but the bird of Zeus is here chained to the rock.

l. 36.　　A key-line of modern poetry, which so often strives to express the inexpressible. Cf. George C. Schoolfield, op. cit., p. 193: ' "Das Unsägliche" is an abstract noun with two quite disparate implications; unspeakable crimes and unutterable beauty come into our mind, and beyond these two connotations lies a hint: that these are problems whose complexity defies expression.'

Das Spiel ist aus

One of many poems in which the games, and the terrors, of children provide a 'model' for those of the adult world. Compare Forster, op. cit., p. 302: 'These poets who work with nursery rhymes and fairy tales are not doing it in a romantic backward-looking way. They are not trying to conjure up an intact world that no longer exists; they do not want to be idyllic; the world they show is primitive and often violent. The language they use is primitive and unspoilt and its simplicity is deceptive. Thus fairy tale and nursery rhyme are well suited to be the starting point for a specifically modern kind of lyric poetry.'

ll. 9–10.　　The children are playing Cowboys and Indians, with the latter temporarily in the ascendant. This scene, the escape from Death-Valley (*ll.* 11–12) and the *Wüstenzelt* of *l.* 13, suggest the adventure novels of Karl May (1842–1912), which have been for several generations the favoured reading of German children.

ll. 17–18.   *Schlaraffenland* is the land of Cockaigne, a dream-world of idleness and luxury. *Schein* here suggests at once 'brightness' and 'deception'.

l. 31.   *Fingerhut*: 'foxglove' *and* 'thimble'.

l. 32.   *Herzblatt*: 'grass of Parnassus' *and* the central leaf, or inner leaf, of a flower, *and* the heart itself seen as a sheet of paper to be sealed after inscription.

Anrufung des großen Bären

The 'Great Bear' of the title is that of the constellation *Ursa major*; but it is also presented as a shaggy cosmic beast. 'Ein Vorgang sprachlicher Kreation erzeugt in der Ineinsbildung von Sternfigur und Waldbär ein mythisches Wesen, einen Sternenbär. Die Worte, die die Erscheinung dieses Wesens vergegenwärtigen, sind so gesetzt, daß sie zwar vom Waldbären ausgehen, aber auch für die Sternfigur gelten und beides zusammenzwingen . . . Die Verschränkung der Bezüge, die Doppeldeutigkeit aller Aussagen ist das Strukturgesetz, das alle Verse in strenger Konsequenz bestimmt.' (Wolfdietrich Rasch, in J. Kaiser and others, *I.B. Eine Einführung*, pp. 33–4.) For a different interpretation, see George C. Schoolfield, op. cit., p. 204.

l. 12 f.   What fir-cones are to the forest-bear, worlds are to the star-bear.

l. 20.   *Klingelbeutel*: bag for collecting alms. The bear is now led by a blind man who shows him for money.

ll. 26–8.   'Die drei Schlußworte des Gedichts geben, in unherkömmlichen Bildern verfremdet, die drei Motive Weltgericht, Abfall der Menschenwelten, Sturz der Engel, ohne zeitliche Aufgliederung. Sie erscheinen strukturgerecht in enger Verschränkung, als ineinandergeschichteter Komplex, eine dreifache Chiffre des Untergangs.' (Rasch, op. cit., p. 38.)

Reklame

The lines in italics represent the 'advertisements' of the title. The gap between lines 19 and 20 brings home typographically the sudden silence of which the lines speak.

Die große Fracht

Lines 1 and 4 of each stanza are identical, framing the two rhyming lines between them; line 2 of the opening stanza provides the frame of the second and line 3 that of the third stanza. The form suggests thoughts that flow outwards but always return again to their starting-point. The poem refutes those who believe that valid modern poetry is not written in strict forms and does not — should not — use rhyme: 'Die Tatsache, daß es "aufgeht", daß es "sich reimt" ist, ganz wie die feste Form, zwar ein Anreiz zur "Abweichung", aber letztlich für uns kein Ziel, da das glatt Aufgehende der Widersprüchlichkeit der Realität nicht gerecht würde, es sei denn als Parodie.' (Hilde Domin, *Wozu Lyrik heute?*, 1968, p. 122.)

l.	6.	*Galionsfiguren*: figureheads (of ships).
l.	7.	*Lemuren*: spirits of the dead (in Roman mythology).
		Cf. *Faust*, II. v (*Grablegung*).

GÜNTER GRASS

Tierschutz

This and the following grotesques convey the impression of a topsy-turvy, an absurd world. Their humour is shot through with menace. *Tierschutz*: Prevention of Cruelty to Animals.

l.	4.	'Bechstein' is a well-known make of piano; it is also a collection of fairy-tales (by Ludwig Bechstein, 1801–60).

Prophetenkost

l.	1.	Locusts (and wild honey) were the diet of John the Baptist, according to Matthew 3: 4.
l.	6.	*Belag* here holds suggestions of something put on bread to make a sandwich (*belegte Brote*) and of sickness (*belegte Zunge*).

Gasag

Gasag = Gas Aktien Gesellschaft = Gas Board. Compare L. W. Forster's comment in *Forum for Modern Language Studies*, Oct. 1966, p. 298: 'A poem of this kind could also have been written behind the Iron Curtain. Then it would have been an allegory, a hidden complaint about the unsatisfactory working of a "Volkseigener Betrieb" — but a daring poem. Grass's poem has no immediate relation to reality, it appears to stand entirely by itself. Grass, however, frequently creates symbols in his lyric poetry which he then expands and comments on in his novels. If one looks at the poem with this in mind, one realizes that the gasworks, the gas pipes, have a quite definite meaning. In the *Blechtrommel* (p. 160 of the paperback edn) we find for instance the following: "Man kann das Unglück nicht einkellern. Mit den Abwässern findet es durch die Kanalisation, es teilt sich den Gasleitungen mit, kommt allen Haushaltungen zu, und niemand, der da sein Suppentöpfchen auf die bläulichen Flammen stellt, ahnt, daß da das Unglück seinen Fraß zum Kochen bringt." Elsewhere in the same novel Grass talks of the heavenly gasman who says: "Ich bin der Heiland dieser Welt, ohne mich könnt ihr nicht kochen", and everyone believes in "die alleinseligmachende Gasanstalt, die mit steigenden und fallenden Gasometern Schicksal versinnbildlicht" (p. 165). And in *Hundejahre* (1963) the mysterious character Edi Amsel says in post-war, divided Berlin: "Ich liebe die Deutschen. Ach wie sind sie geheimnisvoll und erfüllt von gottwohlgefälliger Vergeßlichkeit! So kochen sie ihr Erbsensüppchen auf blauen Gasflammen und denken sich nichts dabei" (p. 646). And on the gasometer sits the toad.'

Kinderlied

This and the following poem show Grass's most lyrical, most musical vein. Once again the rhymes, games and terrors of children prefigure those of the adult world. Compare Forster, op. cit., p. 299: 'The poem aims at preventing what it describes from happening in the society Grass lives in'; and Klaus Völker (*Von Buch zu Buch*, *G.G. in der Kritik* (Neuwied, 1968), p. 172: 'Keine menschliche Regung ist dem Menschen mehr erlaubt. Lachen, Weinen, Sprechen, Schweigen, Spielen: alles macht ihn verdächtig.'

l. 10.   *angezeigt*: 'denounced' (to the police).
l. 16.   *verspielt*: 'lost in play'.
l. 18.   *abgeworben*: 'struck off the roll', 'de-enlisted'.

Lamento bei Regen

The tin-drum of lines 1–9 is also the central symbol of Grass's best-known novel, *Die Blechtrommel* (1959). 'Das Trommeln,' Walter Jens has said, 'ist ein akustisches Abbild der energiegeladenen und stark rhytmisierten Sprache von Günter Grass'. The eels of line 10 play a (stomach-turning) part in the *Karfreitagskost* chapter of the same novel. Compare Leonard Forster's convincing sketch of the 'system of co-ordinates' that binds Grass's work together: 'Das ganze Oeuvre von Günter Grass bildet eine Einheit die noch nicht abgerundet ist, aber in der alles was er schreibt seinen Platz hat.' (*Doppelinterpretationen*, ed. Domin, p. 278.)

Im Ei

'In meinen Gedichten versuche ich, durch überscharfen Realismus faßbare Gegenstände von aller Ideologie zu befreien, sie auseinander zu nehmen, wieder zusammen zu setzen und in Situationen zu bringen, in denen es schwer fällt, das Gesicht zu bewahren, in denen das Feierliche lachen muß, weil die Leichenträger zu ernste Miene machen, als daß man glauben könnte, sie nehmen Anteil ... Die Aufgabe des Versemachens scheint mir darin zu bestehen, klarzustellen und nicht zu verdunkeln; doch muß man manchmal das Licht ausknipsen, um eine Glühbirne deutlich machen zu können.' (Günter Grass, in *Lyrik unserer Zeit. Gedichte und Texte, Daten und Hinweise*, ed. H. Wolff, Dortmund, 1958; also in *Doppelinterpretationen*, ed. Domin, p. 277.) Chickens, eggs and cookery recur frequently in Grass's work. 'Bei Grass beherrschen Hühner und Hähne, also sehr erdgebundene Vögel, die ornithologische Szene ... Hühner haben zudem ihren alltäglichen Nutzen, kommen der Küche zugute ...' (Theodor Wieser). In G.G.'s play, *Die bösen Köche*, a huge egg is rolled on to the stage which is knocked open to reveal a cook wielding a frying-pan.

l. 10.　　Cf. 'Du sollst dir kein Bildnis machen ...', Exodus 20: 4.

l. 22.　　*Brutkästen* = incubators.

ll. 35–6.　'"Wir werden gebrütet"; "Wir nehmen an, daß wir gebrütet werden"; "Wir hoffen, daß wir gebrütet werden"; "Wenn wir auch nur noch vom Brüten reden, bleibt doch zu befürchten ..."; "Die klare Aussage wandelt sich zunehmend in zweifelndes Fragen".' (Theodor Wieser.)

l. 39.　　'smashes us into the frying-pan ...'

Der Neubau

The building of a new house serves as a 'model' in which the poet may suggest the structure (and weaknesses) of the German Federal Republic. Compare Theodor Wieser's remark in *Günter Grass*.

Porträt und Poesie (1967): 'Das Haus als Abbild der Welt, als Mikrokosmos der Kräfte zwischen Himmel und Erde — Grass liebt diese Metapher.'

l.	5.	The handing over was televised.
l.	6.	*Ausgießen der Fundamente* = 'cementing the foundations'.
l.	8.	*Verschalung*: planking.
l.	9.	*ging verschütt*: 'was lost and never heard of again'. Cf. *Verschüttet*: 'buried and covered up'.
l.	10.	Investigation revealed a human error.
l.	11.	When the prefabricated parts were fitted together . . .
l.	13.	*Henkelmann*: dinner-can.
l.	15.	*Isolierverfahren*: insulating process.
l.	18.	*Ostmaterial*: material from the Eastern Zone.
l.	20.	*Fernheizung*: heating from a distant supply-source; district heating.
ll.	23–4.	*Bauleiter*: foreman. The reference is to Heinrich Lübke, who became President of the Federal German Republic in July 1959. The 'past' to which Grass here refers is discussed in *Der Spiegel* of 25 Nov. 1968, pp. 84–92; and more particularly in *Der Spiegel* of 2 Dec. 1968, p. 222.
l.	29.	*Nebengeräusche*: 'unexplained noises'.

HANS MAGNUS ENZENSBERGER

telegrammschalter null uhr zwölf

In this meditation 'at the telegram counter, twelve minutes past midnight', the words that speak of love are in Spanish. This may call to mind Patrick Bridgwater's observation on another poem by Enzensberger, *call it love*: 'For the oversophisticated twentieth-century poet perhaps the most difficult poem to write is the one involving deep personal emotion such as the love-poem . . . , where there are two obstacles: the triteness of the subject, and the emotional reticence of the self-conscious poet . . . Enzensberger's title . . . deliberately uses the foreign word to avoid the banal "Liebe".' (*Essays on Contemp. German Literature*, ed. Keith-Smith, pp. 246–7.)

l.	1.	'My sweet love'.
ll.	4–5.	'gently departed this life with all the consolations of our religion'.

ll. 6 and 13.   RXP and LX are post-office symbols, used on telegrams.

ll. 7–8.   'Urgent. Buy up Malacca tin locally. Price-limit DM 270. — per picul.' Picul is a Chinese measure of weight (approx. 133 pounds).

l. 11.   'My very sweet love'.

l. 12.   Valladolid is a city and province in Spain.

ll. 13–14.   *DUEIL*: 'mourning'; *schmuckblatt für trauerfälle*: 'special telegram-form for condolences.'

ll. 18–19.   *condensare* and *fasse dich kurz*: 'Be brief!'; *vertan*: spent.

geburtsanzeige

A general criticism of the modern, highly organized world, not directed against any particular political system. H.M.E. has said of the poet: 'Sein politischer Auftrag ist, sich jedem politischen Auftrag zu verweigern' ('Poesie und Politik' (1962) in *Einzelheiten*, Vol. II), and in *Entstehung eines Gedichts*: 'Ich glaube, daß die politische Poesie ihr Ziel verfehlt, wenn sie es direkt ansteuert. Die Politik muß gleichsam durch die Ritzen zwischen den Worten eindringen, hinter dem Rücken des Autors, von selbst. Der gegenwärtige Text . . . ergreift nicht Partei für diese oder jene Frakton.'

ll. 5 and 10.   *verzetteln*: 'to fritter away', *verbriefen*: 'to guarantee'. Here, however, we must feel the more literal suggestions (*Zettel*, *Brief*) of masses of paper in which official and commercial life smothers us from the cradle to the grave.

l. 6.   An obstetric image.

l. 8.   *zieht die tratte*: 'cashes the draft'.

l. 14.   'signs with a thumb-print'.

l. 15.   'It's all insured and all wrapt up.' The primary meaning of *vertan*, 'wasted', is strongly co-present.

l. 17.   *richtsatz*: 'guiding principle' or 'official rate'.

l. 19.   *vergriffen*: 'exhausted' (like the stock of a book gone out of print). The suggestions of *Griff*, 'hold', are co-present.

l. 20.   *verworfen*: 'rejected' and 'tossed about'. *verwirkt*: 'forfeited' + 'woven into an inescapable net'.

l. 25.   *verbucht*: 'registered', 'entered into a ledger'.

l. 27.   *die grube überhäuft*: 'fills up, and heaps earth on, the pit . . .'

ins lesebuch für die oberstufe

Hans Mayer comments on this 'Poem for a Sixth Form Anthology': 'Die Brecht-Nachfolge ist offensichtlich. Allerdings hat E. auch diesmal die Thesen des Meisters umfunktioniert und ... modernisiert ... Der Ideologieverdacht scheint total zu sein ... Der Lehr und Lernstoff für die Oberstufe ist daher gedacht als eine *literarische Sabotageaktion*' (*Zur dt. Lit. der Zeit*, 1967, pp. 324–5). The title of the poem seems to have been suggested by Brecht's *Lesebuch für Städtebewohner*.

l. 6.   *zinken*: 'secret signs'.
l. 7.   *viertel*: 'district'.

wortbildungslehre

Here Enzensberger uses permutation techniques to convey his sense of a disordered world drifting to its destruction. The compounds dismembered and shuffled are *Totenhemden* (shrouds), *Blindenhunde* (guide dogs for the blind), *Krankenkassen* (health insurance companies), *Wundenwäscher* (surgeons' assistants), *Waisenhäuser* (orphanages), *Irrenwärter* (male nurses in mental hospital), *Fremdenheime* (*pensions*, small hotels), *Totenlieder* (dirges).

fund im schnee

among the fairytales from the Grimms' *Kinder-und Hausmärchen* which have furnished motifs for this poem are *Die sieben Raben* (the opening image of the brother turned into a raven), *Von dem Machandelboom* (*ll.* 5–6), *Aschenputtel* (the bridal slipper of *l.* 7), and especially *Rumpelstilzchen*. From this last-named tale derive the ring and the heap of straw mentioned in line 9, while lines 18–21 recall Rumpelstiltskin's song:

> heute back ich, morgen brau ich,
> übermorgen hol ich der Königin ihr Kind;
> ach, wie gut ist, daß niemand weiß
> daß ich Rumpelstilzchen heiß!

Line 8 refers to a well-known tale from Johann Peter Hebel's *Schatzkästlein des Rheinischen Hausfreunds* (1811) in which a German journeyman in Amsterdam mistakes the answer he receives to all his enquiries (*kannitverstan*, 'I don't understand') for the name of a rich merchant.

•

abgelegenes haus

The dedication to Günter Eich suggests that this poem consciously varies and transposes the themes of Eich's *Abgelegene Gehöfte* (see p. 83).

ll. 16–20. 'This collage [of voices from a transistor radio] . . . is no uncritical juxtaposition; it is a genuine snatch of the invisible voice of terror that fills the earth's atmosphere . . . But . . . this voice of terror reassures the poet, for it shows that life is continuing.' (P. Bridgwater, op. cit., p. 253.)

l. 18. 'troops ready for action . . . stage three'.

l. 20. 'Mining shares have made a good recovery'.

l. 22. *das gerät:* the radio-set.

bildnis eines spitzels

Spitzel is a spy or informer; an English translation of this poem by Michael Hamburger (*poems for people who don't read poems*, London, 1968) suggests that this particular 'informer' is a house-detective. The poem warns of resentments building up amid the prosperity of the Federal Republic that might lead to the emergence of another Hitler.

l. 9. *marke:* brand.

l. 14. a cliché meaning little more than 'not materialistic'. In the context of this poem, however, the phrase also describes the informer's aspirations to rise higher in the social scale.

l. 16. *mitesser:* 'blackheads'.

l. 22. *brabbelt:* 'mumbles'.

l. 23. *künstlerfrisur:* 'artist's hairstyle'.

purgatorio

The title is that of the second book of Dante's *Divine Comedy*.

l. 2. 'To the snackbar waddle development experts.' (Michael Hamburger.)

l. 4. *aufgezogen:* 'hoisted'.

l. 7. 'booked out book-keepers paddle' (Michael Hamburger). For German readers the term *Buchhalter* may have sinister overtones: administrators who controlled the input and output of Hitler's extermination camps from their office-desks are often called *Buchhalter des Todes*.

l. 14.   *tretroller*: child's scooter.

l. 17.   In Samuel Beckett's play *En attendant Godot* (1952), Godot is constantly expected but never appears.

ll. 20–1.   'The nylon voice cries woe upon us / funeral processions flood the runways.' (Michael Hamburger.)

weiterung

'A critical revision of Brecht's *An die Nachgeborenen* in the new context of the thermo-nuclear 'flood'. (P. Bridgwater, op. cit., p. 252.) 'Weiterung heißt . . . einmal: weitertreiben; zum anderen: folgern bei Überprüfung des nach-brechtischen Sachverhalts; und schließlich: weiterdichten mit Hilfe von anderer Dichtung.' (Hans Mayer, *Ansichten*, p. 86.) The lines from Brecht's *An die Nachgeborenen* to which the poem specifically refers are: 'Ihr, die ihr auftauchen werdet aus der Flut / in der wir untergegangen sind / gedenkt / wenn ihr von unseren Schwächen sprecht / auch der finsteren Zeit / der ihr entronnen seid . . . Ihr aber, wenn es so weit sein wird / daß der Mensch dem Menschen ein Helfer ist / gedenkt unsrer / mit Nachsicht.'

GÜNTER KUNERT

Über einige Davongekommene

With this bitter little poem on 'some who survived', compare Heissenbüttel's *Katalog der Unbelehrbaren* (p. 112). Kunert's spare form is clearly modelled on Brecht's later 'ideograms', particularly the famous

> AUF DER MAUER STAND MIT KREIDE:
> Sie wollen den Krieg.
> Der es geschrieben hat
> ist schon gefallen.

This poem by Brecht suggested the title of the group of poems from which *Über einige Davongekommene* has been taken: *Wegschilder und Mauerinschriften*.

Die niedrigen grünen Hügel

A poem on the difficulty of coming to terms with the more recent past which, with its guilt and pain, returns like wind and clouds.

The short final lines of each stanza, with their two strong stresses, hammer home the realization that there is no escape.

Unterschiede

One level of meaning is pointed out by Hans Mayer (*Zur dt. Lit. der Zeit*, p. 387): the speaker is sad at being passed over by those who award literary prizes, glad at escaping censure for ideological deficiencies. Readers will find many other situations to which the poem applies.

Sprüche

1.

Anhänger = 'adherents', *Mitläufer* = 'opportunist camp-followers'. The meanings 'trailer (hitched to a car)' and 'running alongside' are co-present.

2.

ll. 1–2.   'Passengers are advised not to lower their heads.'

3.

Hans Mayer (*Zur dt. Lit. der Zeit*, p. 387) calls this poem 'ein giftiger kleiner Text ... über Inkompetenz, Machtmißbrauch, über die Promovierung evidenter Mängel zu evidenten Vorzügen ... Der Unaufgeklärte ist bemüht, durch Dekret die Aufklärung abzuschaffen'.

4.

This must be one of the strangest love-poems in the German language. The traditional image which opens it ('fleeting Fortune') is immediately modified by the second lines: *flüchtig* now indicates a fugitive from a pursuing power, *festgenommen auf frischer Tat* means 'caught *in flagrante delictu*', 'caught in the act', and *ausgeliefert* 'handed over to the authorities'.

Film — verkehrt eingespannt

A brilliant variation on the device employed by Ambrose Bierce in *An Occurrence at Owl Creek Bridge*, where a man lives through a long dream of escape at the moment of his execution. Here the executed and buried man sees the sequence of events reversed, like a film run backwards by an incompetent projectionist or a 'special effects' man.

ll. 6–7.   The conventional phrase ('the dear departed') is a mockery in this context.

l. 14.   Germans of Kunert's generation cannot but hear in this line an echo of the *Horst-Wessel-Lied*, the anthem and battle-song of Hitler's storm troopers: 'S.A. marschiert / Mit mutig festem Schritt.'

Ernst Balcke

Balcke was a friend of the poet Georg Heym; both friends were drowned in a skating accident on the river Havel in January 1912.

ll. 1–3.   *Schleife* ('loop') and *Acht* ('figure eight') are figures in skating. Lindwerder and Schwanenwerder are islands in the Havel not far from Berlin.

Oxford Street

ll. 9–13.   'Continual ejaculation of the planet through his long duct Oxford Street; companionable genes hasten and seek to burrow their way in somewhere . . .'

l. 16.   *Ausgüsse*: sinks (for disposal of waste matter).

De profundis

The title refers to the opening of Psalm 130 in the Vulgate: *De profundis clamavi ad te, domine.* A well-known poem by George Trakl bears the same title.

l. 1.   *ermeßlich*: 'fathomable'. Cf. the title of Brecht's play *Der aufhaltsame Aufstieg des Arturo Ui* (1941), where the negative co-presence of *unaufhaltsam* is as indispensable as that of *unermeßlich* in Kunert's line.

l. 5.   *Schemen*: 'spectres'.

l. 8.   *vielsagende Neuerung*: 'significant advance'.

l. 11.   Berthold Schwarz (a Franciscan friar living around A.D. 1300) is popularly credited with the invention of gun-powder.

l. 12.   'collar-stud and contraceptive'.

l. 23.   The phrase *Ruhe ist die erste Bürgerpflicht* ('The first duty of a citizen is to keep the peace'), was first used by Count Schulenburg-Kehnert, a Prussian Minister of State, after the Battle of Jena in 1806.

INDEX OF FIRST LINES